财富觉醒

孙仲基◎著

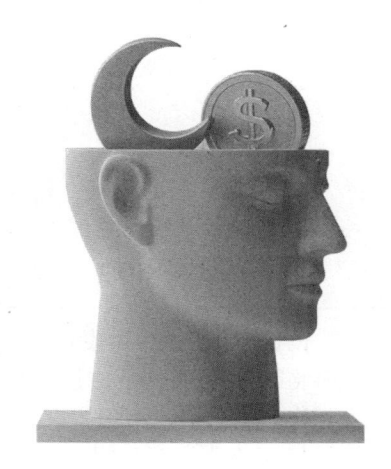

广东旅游出版社
GUANGDONG TRAVEL & TOURISM PRESS
悦读书·悦旅行·悦享人生

中国·广州

图书在版编目（CIP）数据

财富觉醒 / 孙仲基著. -- 广州：广东旅游出版社，2025.3. -- ISBN 978-7-5570-3487-0

Ⅰ. TS976.15-49

中国国家版本馆 CIP 数据核字第 2024PK3252 号

出 版 人：刘志松
责任编辑：张晶晶　黎懿君
责任校对：李瑞苑
责任技编：冼志良

财富觉醒
CAIFU JUEXING

广东旅游出版社出版发行
（广州市荔湾区沙面北街 71 号首层、二层　邮编：510130）
印刷：涿州市京南印刷厂
（涿州市华丰厂北侧）
联系电话：020-87347732　邮编：510130
880 毫米 ×1230 毫米　32 开　7.25 印张　155 千字
2025 年 3 月第 1 版　2025 年 3 月第 1 次印刷
定价：59.00 元

［版权所有　侵权必究］
本书如有错页倒装等质量问题，请直接与印刷厂联系换书。

目录

自序　你的认知决定你的财富

第一章　财富：富有是你人生最重要的目标

1. 贫穷：只能是年轻人的专利 ………003
2. 循环：穷二代怎么跳出贫穷循环 ………006
3. 周期：人生只用富一次 ………016
4. 本质：聪明人和有钱人之间只差一层窗户纸 ………027

第二章　格局：在成功之前想象成功

1. 进化：是降维打击还是精益求精 ………039
2. 教育：为什么只有少数人可以成功 ………044
3. 命运：逆天改命的人生应该是什么样的 ………049

4. 努力：捅不破窗户纸的人一生都在无效努力……056
　　5. 代际：十年寒窗苦读真的赢不过几代人的努力吗……060
　　6. 逆袭：年轻人在迷茫时该干什么……070

第三章　心智：先聪明后有钱

　　1. 误区：聪明的人为什么会犯错误……081
　　2. 自我：智商在人的成功中起多大作用……084
　　3. 智商：为什么有些人看起来智商比你高……089
　　4. 升值：在高度不确定的时代，如何确定地升值……096

第四章　规划：没有规划的人生不值得过

　　1. 开端：你已经输在了起跑线……109
　　2. 曲线：普通人人生成长的 J 曲线……118
　　3. 生意：你应该建立的人生操作系统……128
　　4. 杠杆：让你的财富滚雪球的三种杠杆……134
　　5. 升维：多赚 10 倍才能解决问题……138

第五章　选择：决策才是顶级智商

　　1. 判断：判断力为什么是顶级能力……147
　　2. 战略：一生仅有一次的选择怎么做对……155
　　3. 自在：不为掉地上的冰激凌哭泣……160
　　4. 策略：赢继续，输就变……166

5. 识人：看懂一个人就是看懂一个人的欲望·········171
6. 预期：有钱人都喜欢 To B·········175

第六章　运气：概率是数学与人性的叠加

1. 幸运：越厉害的人越敬畏偶然·········183
2. 幸存：精英是怎样炼成的·········188
3. 极简：有钱人是怎么做事的·········192
4. 好运：一路顺遂的人都有哪些特点·········198

后记
参考书目

自序

你的认知决定你的财富

我们有幸生活在一个前所未有的创富时代，我们同样有幸生活在一个机会涌现的时代，同时，我们看到很多人都在辛苦努力地工作，省吃俭用地生活，却依然没有办法致富。那些财富，那些机会，仿佛与这些人没有什么关系。

我见过很多这样的人，他们对人友好、努力工作，他们是真正意义上的好人、好员工、好丈夫、好妻子，然而他们却似乎天生与财富无缘，不仅他们如此，他们的孩子大概率也如此。

他们只是按部就班地工作，循规蹈矩地做事，一成不变地生活，一如既往地重复。他们追求稳定、舒适、知足的生活，他们对于财富没有认知。因为对财富没有认知，他们跟同时代的大多数人一样，不知道怎么去创造财富。

我在2018年开始写作"升值计"微信公众号，在此以前，我并没有认识到这一点。在认真地创作这个公众号文章的时候，我接触了大量的读者，在了解了他们的人生以后，我开始逐渐意识到这个问题：到底是什么在妨碍很多人创造财富？

我查阅过大量的心理学书籍，阅读过很多社会学论文，并开始自学经济学，为 40 万粉丝排解人生和财富的疑惑。在接触了几万名粉丝的提问后，我逐渐摸索出一套行之有效的方法。这套方法帮助很多人升职、改变，同时也开始让我实现财务自由。对这个问题，我的答案是：**认知创造财富，而有钱人的认知，真的跟你不一样。**

很多人都被头脑中的认知限制住了。当他们想要获得财富的时候，他们仿佛处在一个深井之中，四面都是墙壁。

很多人对财富、对社会、对人生、对选择的认知是非常陈旧的。**这导致他们获取金钱的方法都来自被动的工作，而不是主动地创造。**这些陈旧的认知或许来自他们的父母，或许来自他们的老师，或许来自环境潜移默化的影响。

他们也试图去改变，试图去精进自我、追求财富。但是因为自己认知受限，他们出现了认知偏差。世界是个狩猎场，当你的认知出现偏差时，世界有一万种方式宰割你。**你所赚的每一分钱，都是你对这个世界认知的变现。你所亏的每一分钱，都是你对这个世界认知的缺陷。**

财富的创造过程是：先有认知，然后迭代。先从 0 到 1，然后从 1 到 10。

有钱人是怎么获得财富的？或者说，怎么让一个人或者一个家庭快速地变富有？

最快最有效的方法，可能是让这个家庭租一个富人区的房子。

美国某实验团队选定了五个城市，把每个城市的 1000 户贫困家庭从贫民区搬出来，发一笔搬家代金券，这笔代金券只能用来支付房租。他们把搬出来的家庭分成两组：一组随意搬迁不受限制；另一组必须搬到中等收入以上的富人社区。

实验的目的是为了研究居住环境对一个家庭的经济能产生什么作用。也许你明白了，这就是一个美国家庭版的《变形记》。

这个实验进行了 10 年。10 年之后，统计结果终于出来了，你猜结论是什么？

非常令人失望，结论是完全没有什么用。

搬到富人社区的家庭和随意搬迁的家庭，以及留在原地不动的家庭，经济状况几乎没有任何改变，家庭收入总体没有变化。

团队认为的富人社区对人的正面影响完全没有出现，结论令人沮丧。

有几个学者不死心，决定继续跟踪这些家庭。几年以后，他们再次统计结果，结论令人大吃一惊：那些搬到富人社区的家庭，父母的经济和社会地位还是没有变化，但是他们的孩子，却在大学入学率和个人收入方面，远远超过留在贫民区的家庭。

这说明什么？说明如果你搬进富人社区，虽然对你没有什么用，但是你的孩子的命运很可能就改变了。

租住在富人社区的贫穷孩子，改变最大的是什么？就是认知。

"没吃过猪肉，也见过猪跑。"这句话听起来很搞笑，但是这句话隐藏着关于财富的惊天秘密。

世界上的人分三种：第一种，吃过也见过；第二种，没吃过，但见过；第三种，没吃过，也没有见过。

见过，代表你已经走完了从 0 到 1 这个过程，剩下的只是从 1

VII

到 10 这个过程。最可怕的就是没有见过，无从下手。

只要见过，你就能照葫芦画瓢。但是，要做到照葫芦画瓢，你至少要先见过一个葫芦。

见过就是认知。为什么搬进富人社区的贫穷家庭的孩子，能获得更高的收入？因为他们见过富人是怎样赚钱的，做什么工作能赚钱。

有钱人的认知跟普通人是不一样的，这样的认知本身就是财富。

美国篮球运动员巴克利去富人学校的时候，问孩子们：有多少人想要成为职业运动员？只有不到 10% 的孩子举手。他又问孩子们：长大想要做什么？他们想成为医生、律师、工程师。当他去全是穷人孩子的学校，问同样的问题时，90% 以上的孩子想成为 NBA（美国职业篮球联赛）运动员和明星。

可是美国有 3 亿多人，只有约 400 人在 NBA 打球，想成为其中一员，需要极高的天赋和努力才行，概率是极低的。显然成为工程师、律师要更容易一些，更容易获取高收入。但是，很多穷人家庭的孩子却无法认识到这一点。

普通人最缺乏的是什么？是眼界。

普通人最大的困境是什么？是当走到一定程度，发现无路可走。

在我刚进入大学的时候，我发现一个问题：在我父辈亲戚中，没有一个是上过大学的。我从小接触过的人中，受过高等教育的只有两种人，一种是老师，一种是公务员。而当我不想选择这两种职业的时候，我就变得无所适从，不知道人生之路该怎么走。

这种无所适从，让我迷茫了很久，我需要停下来，探索新的方向。

一个普通人，如果每一步都不停止，大概率会拥有一个理想的向上曲线。只要不浪费时间，他基本能拥有财富和幸福的人生。

前提是不浪费时间。一个普通人的人生，在每一个阶段都必须停下来，为什么要停下来？因为只有停下来才能升级认知。

很多人没有受过良好的教育，他们不清楚社会的运行规律。这时候，父母最重要的是做什么？是给孩子一个看世界的窗口。

2018年有一个家长禁止孩子看电视、看新闻，结果孩子拿到高考作文题目后傻眼了，作文要写共享经济，这个可怜的孩子连共享经济是什么都不知道。

普通人最大的困境是不知道未来怎么走，环顾四周都是漆黑的墙壁，这时候，他们需要的是一束光。

普通人最需要的是：先见过，后吃过；先看到，后做到；在成功以前，能够想象成功；在有钱以前，能够想象有钱；在变成富人之前，学会像个富人一样思考。

有一个藏族女孩叫仁青茨姆，生活在云南香格里拉纳帕海，她的生活就是抱着小羊羔穿着藏族服饰与游客拍照，一张照片收费5元。2012年，日本导演在拍摄纪录片时，遇到了这个17岁的少女，让她认识到了外面的世界。少女从主持人的口中知道，上海的楼层有100多层，飞机能坐400人。

后来，仁青茨姆跟着节目组去了一趟上海，看到了100多层的高楼，看到了繁华的外滩。回到家乡后，她给节目组寄了一封感谢信，并提到自己想开一家小客栈。10年之后，仁青茨姆成为当地一家高档民宿的老板，她的命运改变了。

IX

对仁青茨姆来说，人生中很重要的经历就是那一次看见，看见成功可以让她开始想象成功。

人为什么无法赚到认知以外的钱，因为人的一生都在为认知埋单。

段永平有句话：一直在努力就一定有利润？不，先要做对的事情，努力才有用。

所以我决定写一本有关财富与认知的书，把有钱人的认知普惠给更多的人。这本书不同于普通认知类书籍，它不仅讲认知，同时也在讲精进的路径，在提升大家认知的同时，也给出现实的实操方法。

本书分为六个章节。

首先我们要重新认知财富。 没有人不喜欢财富，但是喜欢财富的大多数人，都无法拥有财富，为什么？因为很多人对财富的认知是错误的，他们喜欢得到财富的结果，而不是创造财富的过程。如果想要致富，你必须重新认知财富。我们将在第一章讨论贫穷是怎样产生的，怎样跳出贫穷循环，让你学会像富人一样思考。

什么是格局？格局就是想象力。 在成功之前能够想象成功。一个人的格局，决定了他的人生高度，能够想象才能够制定战略，并执行战略。第二章讲述实现逆袭的人，应该具备怎样的战略认知，它将告诉你用五年甚至十年的时间去定位你的人生。

所有的财富都是认知的变现。 对年轻人而言，真正的财富是大脑里的知识。先聪明后有钱，是最稳妥的致富路径。我们将在第三章学习有关心智的知识，探讨心智是怎样影响自己的人生；

什么样的聪明才是真正的聪明；影响自己成功的智商到底是什么；我们应该怎样提升心智，以便在高度不确定的时代，确定地升值。

第四章告诉你怎样规划人生路径，如何利用杠杆多赚 10 倍。 大多数时候，人们都会陷入路径依赖，在赛道里内卷，但是内卷通常只能多赚两倍，并不足以解决问题，你需要的是多赚 10 倍。人生是一条缓慢加速的 J 曲线，你应该找到最佳的杠杆，多赚 10 倍。

第五章告诉你怎么提升自己的判断力，怎么做好人生的选择。 你所有的认知红利，都将在你做选择时兑现。在这一章，你将学到：如何识别人的欲望、选择朋友；如何精准地做出判断，走上财务自由之路。

即便你具备了所有认知，有时候离成功还差一点运气。第六章讲述如何看待运气这种概率事件，如何利用概率让你成为幸运的那个赢家。

本书不是一本关于如何暴富的指南，也不是一个让你 5 分钟掌握暴富方法的秘籍，而是让你在正确的逻辑下选择和行动，让你和你的家庭从思维到行动都改变并重启。开始阅读本书的时候，你可能会因为固有认知被挑战而觉得难受，认知升级注定是一个痛苦的过程。创造财富也是一个缓慢的过程，在这个过程中，没有标准答案，没有正解，但是这本书会提供一个寻找正解的思路，给你一套解决问题的打法。

如果我们把现实世界看成一个战场，那么每一个人创造财富的过程，都可以看成是一场战争。但是很可惜，很多人在走上这个战场以前,是没有任何武器的,也不懂任何功夫。

本书希望你在走上战场以前,把你的头脑武装起来,至少懂一套拳法,懂一套刀法。

浩瀚的世界是战场,我想教你打赢这一仗。

第一章

财富

富有是你人生最重要的目标

1. 贫穷：只能是年轻人的专利

> 世界上总是穷人多，富人少，所以歌颂贫穷算是对穷人的精神安慰。但是贫穷并不光荣，它会压得你喘不过气来。你要知道，你的人生只有一次，你只能脱贫致富。

有一句非常难听的话是"年龄越大，越没人原谅你的穷"。如果你反驳这句话，要么你还年轻，并没有体会过贫穷且衰老的状态；要么是你父母对你很好，你从来没有经历过贫穷；要么是你正在经历贫穷，也许被这句话一针见血戳到了痛处。

我的一个粉丝毕业后进入一家国企工作，他是个"佛系"的人，根本没有升职加薪的欲望。他所在的国企不好不坏，他就这样无忧无虑地过了十几年，按部就班地结婚生子。前不久，准备当一辈子咸鱼的他忽然开始勤奋起来，因为他的部门空降了一个比他小三岁的领导，他恍然发现，当初跟他一起进单位的人大多数都已经升职加薪，只有他还在原地踏步，他意识到自己已经被边缘化了。他说："到了四十岁，你才知道没钱没地位真的是寸步难行。"女儿曾直言："爸爸没钱，过生日都不能请同学来家里吃饭。"他只能讪讪地陪着笑，童言无忌，他不是没钱，他是没有女儿同学的家长那么有钱，心中隐隐作痛。

他问我应该怎么办。如果说他还年轻，一切都还来得及，到了现在的年龄，很多事已经很难改变了。

你知道世界上最糟糕的事情是什么吗？——人活着，钱没了。一个人最糟糕的状态就是未富先老，青春不在，贫穷相伴。这不仅证明你没钱，而且还说明你丧失了有钱的可能性。某种意义上而言，贫穷只能是年轻人的专利。

互联网有个段子，有位算命先生给人看相，说他前半生辛苦，终日劳碌，仍然只是三餐温饱，又无贵人相助，桃花更是惨淡，施主只需要一直忍受到50岁。这个人就问："50岁以后我会转运了吗？"算命先生说："不是，50岁以后你就习惯了。"笑话虽然是笑话，却是残酷的事实，这是很多人的人生。如果说一个人在50岁之前还能提升自己，等到50岁以后，上升的可能性就很小了，因为你一旦进入贫穷的状态且年轻不在，再想奋发图强，都不知道从何做起。只要你经历过这种状态，一定会痛彻心扉、刻心噬骨。

第一章　财富：富有是你人生最重要的目标

辛弃疾在《丑奴儿·书博山道中壁》写道："少年不识愁滋味，爱上层楼。爱上层楼，为赋新词强说愁。而今识尽愁滋味，欲说还休。欲说还休，却道天凉好个秋。"这是体验过忧愁的人才能写出来的诗句。未富先老的状态就如同这种被忧愁包围的状态，你的愁绪无处诉说，因为除了最亲最近的人，任何一个人都可能鄙视你，而对你最亲最近的人来说，你的诉说也是给他添堵。你能跟你的老母亲说吗？你能跟你的老父亲说吗？你能跟同甘共苦的妻子说吗？你能跟涉世未深的女儿说吗？你只能自己咽下苦果。

很多人会说有钱没钱并不能定义一个人，是的，这话完全没有错，但是这样的话只能对自己说，只适合自我安慰，不适合对别人讲。

我是一个理想主义者，理想主义者最好都明白一个事实：理想主义之所以可贵，就是因为我们生活在一个功利的世界里，钱并不能定义一个人，但是钱的好处是能让你获得更多的自由。贫穷的坏处有很多种，最大的坏处莫过于谁都可以指导你的生活。有句话叫作"世界上最痛苦的事，是比你傻的人比你还有钱"。很多比你傻的人，他们无非就是比你有点钱，就可以指导你的人生，而你毫无办法。

人，不是一个孤岛，在这个商业社会里，注定要跟他人发生联系，你越是想清高，越是想孤傲，越是不想谈钱，就越需要有钱，因为钱是你的护盾，可以让你远离很多宵小。

你要知道，世界上总是穷人多，富人少，所以歌颂贫穷算是对穷人的精神安慰。但是贫穷并不光荣，它会压得你喘不过气来。你要知道，你的人生只有一次，你只能脱贫致富。

在正常情况下，我们的消费支出会在 30 ～ 50 岁达到一个顶峰。生活成本越来越高，婚姻、子女教育、购买或者租赁房产、购置车辆，每件事都意味着更大的开支。即使我们不进入婚姻，选择不组织家庭，我们同样也会面临生活成本的增加。当我们年轻的时候，我们可以吃垃圾食品，父母身体也算康健，但是随着年龄越来越大，我们必须选择健康的食品，父母也需要更多的照顾和医疗费用。设想一下，你每月的税前收入是 1 万元，已经算是不错的收入水平了，即使你没有房产，扣掉房租和交通等各项开销，生活通常也会非常窘迫。

所以，年轻人应该把变富有当作一个可执行的目标，避免有一天陷入"年纪越大，越没有人原谅你的穷"的境地，变得富有，应该也必须成为你人生计划的一部分。

2. 循环：穷二代怎么跳出贫穷循环

> 为什么穷人无法摆脱"越努力越不幸"的怪圈？穷人如何变富？

在我们试图理解财富、拥有财富之前，首先应该思考一个问题：到底是什么让大多数人贫穷？

2019 年诺贝尔经济学奖授予了三位发展经济学者：阿比吉特·班纳吉（Abhijit V.Banerjee）、埃斯特·迪弗洛（Esther Duflo）

和迈克尔·克雷默（Michael Kremer）。他们研究的课题是贫穷。他们第一次以科学的方式解答了有关贫穷的终极问题：为什么穷人无法摆脱"越努力越不幸"的怪圈？穷人如何变富？

我将结合自己的认知，对穷人摆脱贫困这个话题进行深入解读。

穷人思维不存在

穷人不喜欢教育，穷人喜欢昂贵的私立医院，不喜欢公立医院（你没有看错，与我国情况不同，大多数非洲和印度的贫困居民会优先选择私立医院）；

穷人沉溺于垃圾食品、赌博和游戏机；

……

这些我们能够观察到的现象，就是无数人讨伐的"穷人思维"。

总结起来就是：第一，懒，不努力；第二，蠢；第三，短视。

穷人更懒吗？按照经济学家的看法，穷人不仅是懒，甚至还更浪费。穷人往往比富人更容易沉迷于垃圾食品、肥皂剧、短视频、游戏机中，还会选择昂贵的私立医院，而放弃政府开设的公立医院。穷人更蠢吗？看起来好像也是。穷人经常会购买彩票、赌博，穷人也经常借高利贷，使自己和家庭陷入债务的泥沼之中。穷人也更短视，如果大多数穷人能够储蓄，去接受教育，提高自己的文化水平，那么，他们可以获得更多工作机会。但是穷人往往选择短期目标，甚至没有目标地混日子。看起来，这就是穷人"原罪"。

富兰克林曾经有一句话，说人生成功的秘诀就是："勤奋、毅力和节约创造财富。"而反观穷人，既不勤奋，也没有毅力，甚至连节约都谈不上，几乎与成功人士的成功经验背道而驰。这也难怪他们陷入一个贫穷循环的泥沼中——越穷，思维越受限；思维越受限，也越贫穷。

很多人认为这些就是穷人思维，其实是错误的。穷人思维并不是这种机械的归纳。比如我自己，白手起家，接触过最底层的穷人，也见识过互联网"新贵"和富过三代的"老钱"。我认为穷人的智商和富人没有差距，贫民窟里有聪明绝顶的天才，富人里也有不学无术的无能之辈。

穷人所展现出来的愚蠢，根本不是愚蠢，而是他们那个阶层的生存智慧。我曾经对老家一贫如洗的表叔提出建议，一定要让他的几个孩子好好读书，念大学，将来改变命运。但是人家根本就不听，两个儿子中的一个学厨师，另一个跟师傅学装修贴瓷砖。结果呢，当厨师的儿子现在是当地一家饭店的大厨，搞装修的儿子现在是有名的地板砖师傅，找他贴砖的订单源源不断，他带着的两个徒弟每周都有上万元的收入。然后我又自作聪明地告诉他一定要去郑州买房，别在我们老家地级市买房，但是人家就是不听，还是在我们那个十八线城市买房。

后来我思考过，他们表面上短视愚蠢的选择，其实都是最优选。而我的所谓高屋建瓴的抉择，其实都是"何不食肉糜"。

世界上有两种智慧，或者说是两种理性，一种叫知识理性，一种叫村社理性。穷人不是没有思考过利弊，是他们的思考不是从知识角度出发的理性，而是村社理性。

能受教育和上大学固然好，但是学厨师、学贴砖赚钱更快。村里有前辈传授经验，还能找到老师傅带着，基本可以保证学到手艺。而上大学需要考试，我的两个表哥根本就不是读书的料；去郑州买房也许好，但是他们的手艺在我们那个十八线城市是稀缺资源，到了省城并没有多少优势，自己的老客户都在本乡本土，去了省城反而丢失客户，至于房价的跌涨跟他们根本没有关系。

富人（包括中产）的很多思维习惯，都是个体的**知识理性**。因为他们可以依赖自己的能力和家族的资源搞定问题，能不假借外力就不要假借外力。而穷人的很多决策，其实都是基于**村社理性**，他们必须依赖村社，依赖团体才能抵御风险，所以他们要考虑他们所在的团体。比如很多穷人，明明没有钱，还是要购买大屏幕电视机，买贵的手机，而不是用来买生产资料，这是因为自己的邻居都买了同样的商品，如果自己不买，很容易在社交中陷入被动，丧失很多村社中的资源。这也就是很多人明明家庭经济紧张，依然在份子钱、过节送礼等人情往来上投入很多资源的原因。

穷人最聪明，还是最傻

那么穷人是不是最聪明呢？有人说"卑贱者最聪明，高贵者最愚蠢"。实际上，穷人跟富人一样，既不是最聪明，也不是更愚蠢。

穷人的村社理性是底层生存智慧，确实有他们的合理性，但是同样也有局限性。这些局限性跟富人的局限性一样，都是一定程度的愚蠢。但是在公众舆论中，往往对富人的嘲讽中夹杂着羡慕，对穷人的嘲讽中夹杂着恶意。

　　三位经济学者给出了一个更科学的解释：穷人之所以缺少那些富人的"思维"和"美德"，是因为穷人生活往往有更多的烦恼，所以更加需要那些让人减轻烦恼的工具——像电视、手机、垃圾食品和游戏机。

　　而穷人之所以看起来更无脑，是因为他们随时处于决策的状态中。因为他们的生活如风雨飘摇中的小船，随时可能被打翻，所以他们必须不断消耗精力去反复思考、决策，而结果总是做出最错误、最短视的选择。

　　三位经济学者把所谓的"穷人思维"的根源归结为四点：

　　（1）穷人缺乏正确的信息来源，往往选择相信错误的事情。

　　穷人的信息往往来自自己信任的人，这也是村社理性的一个特征。穷人往往不相信科学，不相信知识，不信赖专业人士，而选择相信村社中有经验的人。这种经验和智慧一旦出现偏差，就容易出现问题。

　　阿比吉特·班纳吉和埃斯特·迪弗洛在其著作《贫穷的本质：我们为什么摆脱不了贫穷》中提到很多穷人，他们不清楚给儿童接种疫苗可以节省更多的医疗费用，不明白基础教育能够在未来产生更高的收益，不知道如何正确使用化肥以提高产量，不知道如何使用避孕套以避免艾滋病。当一个不懂的术语摆在他们面前的时候，大多数人不是选择相信，而是选择怀疑。而穷人的经济状况比较脆弱，他们无法承担冒险的代价，冒险的结果往往是崩溃，所以往往不会相信陌生的信息来源。

（2）穷人比富人生活更艰苦，更难做出正确的决定。

正常人在生活中都会面临很多决策，穷人和富人的差别在于，每一个决策都关乎生死。富人不会因为多花点钱而使人生出现转折，但是穷人会。钱能影响穷人的判断，所以穷人买东西总喜欢讨价还价，一件衣服、几块钱的菜，用大量时间去讲价，一定要讲下来。穷人过多地把自己的智慧用在这种鸡毛蒜皮的小事上，反而当遇到真正关乎命运的决策时，他的决策往往是错误的。

（3）穷人在金融杠杆中处于不利地位。

在大多数国家，穷人很难得到银行的金融服务，但高利贷触手可及，这往往使得穷人被高利贷压得无法翻身。金融是一个很重要的杠杆，所有正规的商业银行，都不会轻易把贷款贷给没有还款能力的穷人。穷人不是不想变富，而是穷人缺乏启动资金，又缺乏杠杆。当他们需要使用杠杆时，经常能够使用的就是高利贷，而高利贷带来的只能是对穷人的敲骨吸髓。

（4）穷人短视，无法延迟满足。

穷人的村社理性，有时候会成为他们的阻碍。比如他们经常会听到这样的声音："你永远都买不起那台电冰箱，还是喝杯茶吧。""孩子读书是没有用的，反正他不够聪明。""存钱有什么意义，还不如立刻就花掉。""教育孩子有什么用，不如及时享乐。"

穷人总是缺乏长远规划的能力，也更难以自我控制。中国人总是说穷人爱存钱，其实这是中国文化的一个例外。经济学家的研究表明，对于大多数国家的穷人而言，储蓄的吸引力很小，越是穷人越不爱存钱，因为他们认为目标太遥远，心理因素导致他们拒绝延时满足。越是无法储蓄，越是无法摆脱"贫困循环"。

穷人的这种短视非常的魔幻，简直到了令人匪夷所思的地步，穷人压根不相信有美好的未来。穷人还会把钱花在婚丧嫁娶上面，在南非，葬礼花多少钱是有社会规范的，生孩子反而没有护理，听天由命。但是，办丧礼就得花掉死者一生的积蓄。那些患有艾滋病而死去的穷人，家里人还得大操大办他的葬礼，花掉家庭40%的年收入。

贫穷限制了想象力

穷富的差距不是智商的差距，那是什么差距呢？实际上，穷人和富人的差距是"带宽"的差别。

经济学家曾跟踪一个名叫肯尼迪的农民，他一直以种地为生，但是由于没钱购买足够的化肥，他就不能通过施肥提升农田产量。产量低，收入少，导致买不起化肥，最终收入不可避免地螺旋式下降。

然而有一天，肯尼迪得到了一份免费的化肥，因此当年的收成是前几年的10倍。他也得到了更多的收入，并用收入买了更多的化肥，从此摆脱了贫困的处境。

有一个经典的问题：直接给穷人钱，到底能不能使穷人摆脱贫困？很多人本能认为不能。为什么？因为穷人有穷人思维，给了他们钱，过几年他们还是穷。但是经济学告诉我们，给钱有用。

加拿大的一个贫困小镇，学者联合当地政府进行了一项计划：无条件保证穷人的基本开支，也就是直接给他们钱，这种看似荒唐的方法持续了两年。后来的调查发现，当地民众的生活质量显著提升，这个小镇的居民健康水平大幅提升，城镇犯罪率大幅下降，连学生的成绩都提高了，而且再也不需要政府的财政援助了。

为什么给钱就有用？

在印度北部某农耕区域，学者分别对丰收以前的农民和丰收以后的农民进行智力测试。结果显示，丰收后的农民智商比丰收前的农民智商提高 14 个单位。对于农民而言，丰收前后最大的差别是什么？毫无疑问，是他们拥有的财富值发生了变化。

这说明贫穷会导致一个人的智商受限。

这就是三位经济学者试图告诉我们的：贫穷会限制人的思维宽度，即心智带宽（同一时间处理多个事件的能力），并消耗人的精力，让人的行为模式缺乏整体性和长远性。印度农民和肯尼迪一样，在丰收前夕，全部精力集中在作物耕种、收益计算上，而忽略了事物的长期价值，即心理学"管窥效应"。而肯尼迪长期限于贫穷，导致匮乏状态，所以根本无暇做长远的打算。

所以穷人总是陷入"贫穷循环"中，他们缺乏获得有效信息的渠道，即使他们得到了有效信息，也可能错判。正如《贫穷的本质：我们为什么摆脱不了贫穷》中提到的"我们与穷人的差别其实很小，我们真正的优势在于，很多东西是我们在不知不觉中知道的"。

富人真正强于穷人的地方在于视野开阔，富人无意中接触到的信息，是穷人根本得不到的。穷人和富人的差距是信息带宽的差距和处理信息带宽的差距。

走出贫穷

关于穷富有个经典故事。

孔子的弟子子贡也是富豪,他见到孔子另一个弟子原宪住着破茅屋,大惊失色说道:"原先生你生病了吗?"

原宪说:"吾闻之,无财者谓之贫,学道而不能行者谓之病。若宪,贫也,非病也。"意思是没有财产叫作贫,学习道义而不能实行才叫作病。像我这样,是贫,而不是病啊。[1]

我们总是说"贫穷",把二者连在一起,但是贫和穷是不一样的。用今天的理论说,贫是没有启动资金,穷是带宽受限。

原宪确实无财,但他毕竟是孔子弟子,随时有可能获得中产的生活。普通穷人的问题在哪里呢?在于带宽受限。

贫穷的本意就是受困,无路可走,甚至直接点说,贫穷是一种一种病态。一旦陷入这种病态中,就很难摆脱。

穷人反复陷入贫穷循环,如果想摆脱这个循环,只有一种方法,就是以外力加强带宽,要么是信息的强输入,要么是金钱的灌入。

所以,"何以解忧,唯有暴富"是对的,无论是经济上的暴富还是知识上的暴富都非常有用。

---

[1] 原文出自《庄子·杂篇·让王》。

请回到我的表叔和两个表哥的故事，他们属于穷人变富的典型，而他们之所以发家致富，其实不是因为更聪明或者更能干，而是无意中拓宽了自己的信息带宽。电视上新东方烹饪学校的广告让我的大表哥有了当厨师的梦想，而同村的其他装修师傅带二表哥进入了装修这个行业。

他们的村社理性，无意中帮他们拓宽了带宽，幸运地打开了新世界的大门，这本来是教育应该发挥的作用。当然，并不是所有人都那么幸运，很多人的村社理性，只能把他们带到村口的洗头房。

最重要的一点是，他们没有印度和非洲贫民那么贫穷，跳出贫穷只需要那么一点点努力就行。而对于更贫穷的人，诺贝尔奖得主给出的出路是：考公务员。

全世界的政府公务员都是一份相对稳定的工作，可以为穷人提供稳定的现金流，而且可以获取很多有价值的信息，对于穷人信息的扩充和处理信息的能力都是一个质的飞跃。

这跟《富爸爸，穷爸爸》书里的现金流游戏有异曲同工之妙。市面上解读《富爸爸，穷爸爸》的人很多，一般人都会说到几个词，比如"被动收入""房产投资"等。其实《富爸爸，穷爸爸》的核心观点是一个叫作"老鼠赛跑"的游戏，它跟房产投资没有半毛钱关系。这个游戏的规则是：当你的现金流比较少的时候，你就必须跟其他"老鼠"玩一个赛跑游戏，直到你的现金流扩大到工资收入的数倍，你就会坐上汽车，进入快速通道，各种暴富机会蜂拥而至。这与三位诺贝尔奖得主的研究不谋而合。

有些人总是说阶层固化，其实要实现阶层跃迁，关键在于在有稳定收入（现金流）的基础上，尽可能扩大信息带宽。

扩大信息带宽有两个渠道。第一个渠道是保证你的工作有稳定现金流，不至于影响你对生活的判断能力（处理带宽能力）。这份工作的工资有多少并不重要，重要的是你能存下多少钱，这时候储蓄和节俭非常重要，也就是富兰克林说的"节约创造财富"，很多不必要的奢侈品和消费都可以减少。

第二个渠道是保证你获取的是有效信息。互联网的一大悲剧就是，在信息极大丰富的同时，垃圾信息也极大丰富。我们这个时代，有效的信息淹没在了垃圾信息的汪洋大海中。你对很多垃圾视频软件的信赖，必须戒掉，因为它们严重占据信息带宽，不如用这些时间去接受教育，读更多有深度的书籍，读更多高价值的文章。

至于父母劝你考公务员时，你要不要考公务员，完全取决于你的现金流和获取信息的能力。

3. 周期：人生只用富一次

> 人生只用富一次，说的不是赢一把大的，摸中彩票。而是说，在变富的过程中，学会如何致富。单纯暴富的人很多，但是靠运气赚的钱，也常常会暴雷。

微博上有个选择题：A. 带着你的全部知识回到婴儿时期；B. 给你 1000 万元，选什么？

知乎上也有个选择题：A.给你任正非的战略头脑和经验；B.给你1000万元，选什么？

大部分人都是选B。在没有经历过财富觉醒以前，我也会毫不犹豫地选B，但现在我一定选A。

只要凭经验和知识，就能够碾压同辈，保证自己可以遥遥领先，赚到1000万元不成问题。而拥有任正非的战略头脑和经验，区区1000万元现金算什么？如果说成为福布斯富豪榜上的人物是需要运气，那么拥有千万级的财富，拼的是一个人的品质和能力。

同样还有一个问题，1亿元人民币和上清华北大怎么选？可能99%的人会选择1亿元，因为犹豫一秒都是对1亿元的不尊重。

这个时代，我们已经看多了清华、北大毕业生，他们去北京、杭州考事业编制公务员，还很可能考不上。

但是，选1亿元，就对吗？

99%的人选的，就对吗？

这道题，考验的不是选择，而是资源。

我给的答案是，当你没有1亿元的时候，选1亿元。

当你有了1亿元的时候，选清华、北大。

清华、北大是什么？既是中国顶级高校，也是高智力、高能力学生的聚集平台。

我认识一个清华大学毕业的朋友，他家里算是一个土豪，他的社交能力很强，人缘非常好，在清华大学交了很多有能力的朋友。毕业以后，他继承家族生意，用6年时间做到了市值20亿元。

清华、北大毕业价值多少钱？对于没有资源的人来说，绝对不值1亿元。

对于有资源想要上平台的人来说,值 20 亿元,甚至更多。

这不取决于你的认知,而取决于你的能力和地位。

清华、北大毕业生也是这样,对于只能拿清华、北大的名头找个工作的人来说,就算年薪百万,一辈子也赚不到 1 亿元,但是对于想要一个平台的人来说,名校价值无限。

这个问题考验的不是认知,而是积累。已经有足够积累的人,自然知道,一个平台对他意味着什么;而没有积累的人,即便拿到了平台入场券用处也不大。

在变富有这件事上,多数人高估了运气的价值,而低估了习惯的力量。

在人生中,获取财富很关键,但更关键的是获取财富的过程。

巴菲特曾经提到一本书《人生只需富一次》,他认为这本书书名很好。很多人误解了书名的含义,把它错误地理解成,人生只用踩中一次狗屎运,赚一把大的,就可以一劳永逸。

人生只用富一次,说的不是赢一把大的,摸中彩票。而是说,**在变富的过程中,学会如何致富**。单纯暴富的人很多,但是靠运气赚的钱,也常常会暴雷。

重要的不只是一个小目标,而是在完成一个小目标的过程中积攒的东西。**富有应该是一种习惯,而不是运气。**

《原则》的作者是美国桥水投资公司董事长瑞·达利欧(Ray Dalio),他把人生分为三个阶段:

第一个阶段是经历和学习。比如每个人从小到大需要依赖别人的帮助,不断吸收营养才能立足于社会。

第二个阶段是成年时期。这时候很多人需要依赖你的工作，你也需要与周围的人相互依赖，组成团队，分担共同的使命和责任。

第三个阶段是你需要进行过渡，帮助别人在没你的情况下仍取得成功。这是很自然的一个过程。

其实就是说，第一个阶段是你一个人能做好工作，这是人生的 1.0。

第二个阶段，是你能够带领一群人做好工作，这是人生的 2.0。

第三个阶段，是你能够正确地指导一群人工作，这是人生的 3.0。

当你开始进入人生 2.0 阶段的时候，就是你成为英雄的开始。达利欧认为他自己处于人生的 3.0。他认为："当你把其他人的任务放在自身利益之上的时刻，就是你成为英雄的时刻。"这就是人生的英雄三阶段。

英雄之旅和普通人的一生，有什么区别？

达利欧的人生概念，跟孔子很像。

子曰："三十而立，四十而不惑，五十而知天命，六十而耳顺，七十而从心所欲，不逾矩。"

有人问过我，为什么是三十而立？古代有个段子，说一个武将附庸风雅，学人读书，从《论语》中看到了"三十而立"，于是跟人显摆，"我今天才明白，原来古人生来体弱，到了三十岁才能站立起来。"

段子归段子，我读过《论语》很多遍，对这个问题也思考良久。孔子生活的年代，平均年龄就是三十多岁，很多人根本就活不到四十岁，如果三十岁才能自立，这就不通了。

孔子是春秋没落贵族，父亲是鲁国有名的猛将力士，在战争中托住城门而死。那时候孔子才两三岁，等到二十多岁的时候，他先是管理仓库，后来管理畜牧，做的都是小吏的工作。孔子成名以后，曾经很得意地说过：我当仓库会计的时候，账目清清楚楚（孔子尝为委吏矣，曰："会计当而已矣。"见《孟子·万章》）；他畜牧牛羊的时候，牛羊肥壮（尝为乘田矣，曰："牛羊茁壮长而已矣。"见《孟子·万章》）

孔子三十岁时，才有了一些名气，开办学校，一些人开始成为他的门徒跟他学习。

为什么是"三十而立"？这个"立"，是独立的意思，是指人有了稳定的价值观和行为准则，能够独立处理事务，承担责任。一个人二十多岁的时候通常在打工，一般到了三十岁才有自己的事业，到了四十岁，开始不惑，靠自己的思考，指导别人正确地做事。

这跟达利欧的人生 3.0 概念不谋而合。当然，如果孔子岁数足够长，也有自己的哲学思考和境界，他还有人生 4.0、5.0、6.0。

我们回顾达利欧的规划以及孔子的案例，会发现：

人在二十岁的时候，最好的方式是丰富自己的技能，有自己的专业性，这时候最重要的东西是"技能"，最核心的能力是"学习"。

人到三十岁的时候，最好的方式是走上管理岗位，这时候最重要的不是自己的专业，而是"人脉"，最核心的能力是"领导力"。

人到四十岁的时候，最好的方式是开始思考自己的事业，这时候最重要的东西是"体系"，最核心的能力是"思考"，即有框架有体系地去思考。

《史记·货殖列传》里提到一个概念叫"素封"，素封是什么意思呢？意思是你不用君王封赏，没有官爵俸禄，却跟王侯一样富有。用我们今天的话说，就是财务自由。

要怎么做才能实现"素封"呢？太史公研究了很多财务自由的富翁，总结了一个基本原则，叫"无财作力，少有斗智，既饶争时"。什么意思呢？没有钱的时候，你就要好好工作，出卖体力、脑力赚钱；等你靠工作积累了一些钱后，就要靠智慧去经营一番事业；等到你的财富多了，就要等待周期，通过投资获利。

"无财作力，少有斗智，既饶争时"这十二个字，可谓真理，我们对照孔子的一生看，就是这么一个过程。

| 无财作力 |

当你二十多岁的时候，只能踏踏实实找一份工作，然后兢兢业业地干，比如孔子，当会计就老老实实把账管好，管畜牧就用心把牛羊养肥，这个时候，最高级的品质就是靠谱。过去的贵族也好，官员也好，今天的企业老板也好，领导也好，不需要你提意见，不需要你规划，你即使心里有一千个不满，一万个主意，都老老实实憋着，把手里的活干好，没有人相信你的能力，你先要证明自己。

普通人二十多岁的时候就是卖力气挣钱，最怕的就是不服气。像某个刚入职名企两个月的实习生，给老板提意见，上万言书，老板批复："此人如果有精神病，建议送去医院治疗；如果没病，建议辞退。"想一步登天就是这个结果，在你还没有足够的资历和口碑之前，你的话就是没有人听。

这时候，无论你从事什么行业，金融也好，互联网也好，干什么职位，销售专员也好，土木工程师也罢，都是一样的。这时候你要么是"员"，要么是"师"，或者给你个好听的头衔"××经理"，但你做的归根结底就是力气活。有些年轻人不服，跑去创业，创业之后就会发现，能够压榨的只有自己，手下一个靠谱的都没有，自己只能拼命干。自由职业者也是这样，甚至可以说，自由职业者是世界上最不自由的职业。

二十多岁是普通人积累资本的时候，谁靠谱谁就能出头，谁努力谁就能出头，谁耐得住寂寞谁就能出头。这个时候，有四个字很重要：勤扒苦做。靠谱有两个含义，一是努力，二是克制欲望。克制欲望也有两个层面的意思，一个是不要到处浪，管住嘴，管住表现欲；另一个是不要过度开支，别被消费主义洗脑，要开始储蓄。注意，是储蓄，不是理财，不是投资。

| 少有斗智 |

到了三十多岁，就要像孔子一样"三十而立"了。三十岁不是一个硬性标准，并不是说，你昨天还是 29 岁 364 天，过了三十岁这天就一定要"立",没有这种道理。能不能"立",取决于你的背景,也取决于你二十多岁时的积累,有人可能二十七八岁,有人可能三十四五岁,总之是有这个阶段。当你有了一定积累,即所谓"少有",就不能再像以前一样闷头打工了。

人在二十多岁"无财"的时候,要有打工者思维,但到了"少有"阶段,经过前面的奋斗,你开始管理几个人,高低有个职位,就要用点头脑"斗智"了。因为你的位置和积蓄是你的优势,你过了"不拼命干活就会饿死"的阶段。同时也是你的陷阱:你的年龄到了三十多岁,体力精力已经开始拼不过年轻人了,拼命干也是不行的。古人到了三十岁就开始呈现老态,甚至开始出现病痛死亡,现代人有较好的医疗卫生条件,但三十五岁职场出现危机是必然的,所以有了积累以后,要勇敢地进入"头脑赚钱"的阶段。

这个头脑,并不是指"脑力"劳动,程序员也是脑力劳动,但还是处于"作力"的阶段,并不是"斗智"。什么是"斗智"呢?是根据你之前积累的口碑、经验、客户资源,开始拥有自己一生的事业。对孔子来说,他选择了教育,创办私立学校。这时候的思维模式应该是老板思维。

要么开始创业,要么有一份兼职,要么学会理财,总之你要有工资以外的现金流。如果说普通人二十多岁最重要的美德是靠谱的话,那三十多岁时最重要的就是整合,是把资源整合起来的能力。如果打工,也要用你的经验和能力,开始扩大话语权,赢取高职位,这时候,你不是毛头小子,你可以提一些意见,也有人开始听取你的意见。

为什么二十多岁的时候不让你理财，只让你储蓄呢？因为那时候没有积累。比如你在二十多岁有十万元，你要把十万元翻倍需要多少年呢？十万元的理财收益只有4%～5%，收益更高的话，本金会有风险。所以翻倍大概需要14～18年。因为投资有个"72定律"，用72除以你的利率，就是你翻倍的年限，这还是考虑到复利的情况。十万元翻倍很难，这时候你如果把精力投资到工作上，光是升职加薪，十万元很快就赚到了。所以二十多岁的时候，最佳策略是卖力气。到了三十多岁，就不要卖力气了，你的职场天花板大概率已经来临，再卖力气，已经没有"边际效益"了。

这时候最怕的是没有勇气。因为很多人，在这个阶段已经进入中产阶层，很容易进入舒适区，产生一种"我现在不错"的错觉。我也是苦过来的普通人，太了解咱们这些普通人的心理，辛辛苦苦十年，白手起家，有了一方天地，家庭美满，孩子可爱，就觉得可以享受一下了。这时候一些中年男人，开始学会抽雪茄，研究表、车、酒等，如果作为谈生意的辅助，扩大交际面是可以的，如果沉迷的话就糟了。当然三十多岁最糟糕的不是玩这些，最糟糕的是买入负债，这个负债可能是错误的伴侣，也可能是过高贷款的房产。

中年人想要享受一定是不行的，你现在拥有的这些都是镜花水月。很抱歉，我用了这个词。但是事实如此，因为这些资源并不是真正属于你自己，而是属于你目前拥有的工作中，一旦新人开始成长，你可以被取代的时候，一切就很危险了。

中年的策略是八个字"减少负债，买入资产"，原则就是扩大现金流。孔子的资产是72门徒，3000弟子，这是教育家的资产。普通人要做的是，要有一个工资以外稳定来钱的渠道，房产配置也好，投资理财也好，著作版权也好，总之，一定要有一个副业，甚至副业要超过主业。

既饶争时

等积累到一定阶段，资产越来越多，到了"既饶"阶段，就不能再斗力斗智了，这时候就是一个字"等"，等什么？等一个机会，等周期来临。

太史公在《史记·货殖列传》里说："六岁穰，六岁旱，十二岁一大饥。"什么意思呢？其实就是农业时代的经济周期，六年风调雨顺，年年丰收，六年干旱，田地歉收，十二年左右一定有一次大饥荒。这是农业时代的经济规律，这种粮食丰收歉收的规律，抓住一次就产生一批大富翁。

周金涛说过"人生发财靠康波"，人生的机遇基本由康波的运动给予。康波指的是"康德拉季耶夫周期"，由苏联经济学家康德拉季耶夫在1925年提出。这位学者在分析了大量统计数据后发现，在资本主义经济生活中存在一个为期60年的长周期，而每个周期中都有四个阶段，分别为繁荣、衰退、萧条、复苏，60年一个循环。人生的财富不是靠工资，而是靠你对于资产价格的投资。而资产一定是低点买进才有意义，资产什么时候低呢？就是在经济衰退、萧条的时候。

用太史公的话说就是"旱则资舟，水则资车"。你要在大旱之年买船，大洪水之年囤车。一个长周期60年，具体到一个阶段，每个小周期大概10～15年，每个小周期都是一个积累财富的机会，所以一个人的一生大概有3～4次改变命运的机会。生于普通家庭的人，很遗憾的一点是，人生的前面30年甚至40年，都没有抓住这种机会的能力，因为没有钱，或者说钱不够多。你只能眼睁睁看着机会溜走，留给你的机会只有1～2次。

那时候，你已经40～50岁了，你要做的就是等到这个周期，一次出手，拿到几倍甚至数十倍的利润。我们看到的那些大富之人都是赶上了这样一个周期：宗庆后是因为快消品的繁荣，那个时代的首富全是快消行业的；王健林是赶上了房地产的狂飙猛进；马化腾是赶上了互联网的春天。

所以到了这个阶段，该吃吃、该喝喝，喜欢红酒就去研究红酒，喜欢雪茄就研究雪茄，这些都不妨碍你积累财富。这个阶段就是等待＋冒险，等待机会，全力投入。这时候最重要的品质就是"不惑"，甚至要"知天命"。

太史公同样在《史记·货殖列传》里说："富无经业，则货无常主，能者辐凑，不肖者瓦解。"财富是流动的，不会被某些行业占据，也不会被某个人天然占据。有能力的人，财富会飞快地聚向他，没有能力的人，财富会飞速瓦解。我们提到的这个普通人逆袭的路径，能够走完的，需要的是能力和心性的极致修炼，在任何一个阶段，没有强大的自控力和坚韧的毅力，都会倒下。就像太史公提到的战国大富商白圭说的一样，"吾治生产，犹伊尹、吕尚之谋，孙吴用兵，商鞅行法是也。是故其智不足与权变，勇不足以决断，仁不能以取予，强不能有所守，虽欲学吾术，终不告之矣。"对于普通人而言，追求财富的道路不只是手段和技巧，同样也是心智的煎熬，只有强大到有坚守，有足够的意志力，才能走下去。

所以英雄之旅，其实非常平凡，非常枯燥。

人生 1.0 的阶段，学习；

人生 2.0 的阶段，合作；

人生 3.0 的阶段，投资。

这才是人生只需富一次的意义，也是人生必胜的指南，但是大部分人做不到，**因为富有不是一种运气，而是一种习惯。**

4. 本质：聪明人和有钱人之间只差一层窗户纸

> 我们从来不缺乏聪明人，阻挡一个聪明人成为有钱人的关键就是：聪明人总是成为硬核玩家，技术性解决问题，而真正赚钱的方式是商业化解决问题。

我非常爱品尝美食，还爱动手做。我收藏了很多美食菜谱和书籍，视频兴起后，我最喜欢看的就是美食视频。

| 腊八蒜 |

我关注过一个国宴大厨的视频号，看了他们做腊八蒜的一集，

我惊讶的是，这么高级别的厨师，这一期的内容居然几乎全是错的。

他们做腊八蒜时说了以下几点：

第一，腊八蒜必须要从腊八开始腌，大概腌到过年才能绿。错！其实用对方法三天就能变绿。

第二，蒜不能切蒜尾，切了蒜容易烂，切了也不会更快变绿。错！

第三，把蒜放在暖气上可以加快腊八蒜的腌制进程。错！

腊八蒜变绿的原理，其实主要是蒜本身的硫化物，在蒜酶的作用下，变成大蒜色素，这个色素会经历三个阶段：

第一个阶段是蓝色的，蒜蓝素阶段；

第二个阶段是黄色的，蒜黄素阶段；

第三个阶段是绿色的，蒜绿素阶段。

以前的北方人为什么要在腊八腌腊八蒜？就是因为蒜酶正常情况下是处于休眠状态，必须对蒜酶进行激活，怎么激活呢？就是对蒜体进行破坏。所以，切掉一部分蒜尾巴蒜根的方法是正确的。

有温和激活蒜酶的方法吗？有，就是低温。确切地说，是从低温进入高温的过程，低温可以温和地破坏蒜体，从低温到高温的过程可以激活蒜酶，这就是为什么北方人要在腊月泡腊八蒜，因为北方地区只有腊月的低温才能破坏蒜体，然后每天黑白交替的温度变化过程可以激活蒜酶。

知道了这个原理，就知道为什么古人泡蒜需要二十多天，腊八泡上，大年三十才能吃。

但是我们现代人有冰箱啊，把蒜泡醋里以后：

第一步，直接放冰箱冷藏，激活蒜酶；第二步，把这瓶腊八蒜拿出来放在室温。

这两个动作交替，每个动作半天，当然也不用太严谨，主要是有个交替过程，一般三天就能做好一瓶翠绿的腊八蒜。不论你是在海南还是在广东，用这种方法都可以做腊八蒜，夏天也可以做。

不传之秘，也许什么都不是

讲腊八蒜，是想说说人生成长的原理。

为什么呢？因为不传之秘在社会非常常见。秘方、秘诀、秘籍这种东西，无论你做什么事情，一定会有人神秘兮兮地告诉你：有秘方。秘方就是很多人的天花板，学武有秘方，养生有秘方，甚至壮阳也有秘方。

动不动一个秘方价值百万、千万。

但是不传之秘，往往什么也不是。只要你去探寻其中的原理，就会发现，大多数秘方，除了制造神秘，能让人多走弯路，也许什么都不是。

大多数人看不破秘方，有两个原因：一是他们不是热爱探寻本质的人；二是有一部分人能看明白，但是说不出来。偏偏我是爱探寻本质的人，而且我很擅长用简单直白的语言将其讲清楚。

所以对我来说，大部分秘方都是可以破解的，世界不过是一层窗户纸，是可以捅破的。秘方没有价值，但是破解秘方很有价值。

捅破窗户纸很有意义，其实捅破窗户纸以后，你会发现很多被视为珍宝的秘籍，不过就是常识的叠加，而那些被认为不能复制的东西，只要洞察其真面目，经过复制，就可以商业化。

| 外围 |

大多数人的不幸，就在于他们对行业的认知不够，如果没有认知到行业的本质，就只能是个"外围"。

我认识一个自媒体行业的前辈，他的理念就是"不思考，离钱近"。不用去思考本质，看别人干啥赚钱跟风就行。他是一个观察的样本，我看到他轻易地进入一个又一个行业，然后在所有的行业里，几乎都是"外围"，拿不到红利。

《庄子·逍遥游》中讲过一个故事：春秋时期，宋国有一户人家世代漂洗丝绸衣物，他们有一个不皲手的秘方。别人冬天就不能漂洗了，他们在冬天还能接单子，所以他们比一般的同行能多洗几个月，虽然很辛苦，但是他们赚了很多钱。

有个商人听说了这个不皲手的秘方，就以五百两黄金购买了这个药方，然后献给了吴王。吴国给自己的水军用这个药方，在水上作战中打败了越国。这个商人被封赏了一块地，

第一章　财富：富有是你人生最重要的目标

一下子变成了贵族。

另外一个故事是关于维多利亚的秘密的，其创始人叫罗伊·雷蒙德（Roy Raymond）。他最初创立这个品牌的目的是帮老婆选内衣。有次他想给自己的老婆买内衣，在百货商场挑选时感觉很尴尬，于是产生了一个点子，建一个高档场所，让男人在选购时不会觉得自己很变态。1977年，他贷款8万美元，开了一家店面，取名为维多利亚的秘密（以下简称"维秘"），第一年就赚了50万美元。随后，他又新增了邮购目录的业务，拓展了3家分店，到1982年，走向人生巅峰的罗伊·雷蒙德已经拥有5家维秘门店。但是因为门店扩张过快，在经营策略上又放弃了女性消费者，以男性为主，且男性消费者增长停滞，最终导致资金链断裂。

他把公司以400万美元转手卖了。糟糕的是，罗伊·雷蒙德也没闲着，继续创业，开了一家儿童服装品牌，1986年，他的公司迎来了破产，他本人还背负400万美元的外债。

这个一生挚爱妻子的人，为了不连累妻子，他选择跟深爱的妻子离婚，然后爬上旧金山的金门大桥一跃而下。

他其实是个好人，但是他不理解行业的本质，所以他在内衣行业只是个过客，是个"外围"。

他选择让男士走进高级门店来为妻子和女友购买内衣的方式，不能说不对，但是这注定是一个少量、低频率的需求，这就决定了他的内衣不能卖给更多的女性，即使他的内衣设计得再好。

值钱的手和大量的胸（女性顾客）

我们分析上面两个故事。

皲手秘方的价值就是保护手，手的价值有多大，皲手秘方的价值就有多大。

宋国商人的思路厉害在于，找到了值钱的手。

洗衣服的手，不值钱。

贵族的手值钱，但是不干活，不需要特殊保护。

但是，贵族的国家需要无数军人用双手保护，在战争这个场景之下，军人的手就值钱了。

雷蒙德的错误之一，就是他当时的思路很简单，他想解决男人不知道怎么给妻子选择内衣的尴尬，所以在他手上，维秘怎么也做不大。后来的投资者改换了思路，他们认为：男性给妻子买内衣，是一件很低概率的事。

所以雷蒙德的困境就是，胸（女性顾客）不够多。

改换思路以后，维秘变成了一个价值 5 亿美元的商业帝国。

后来继任者的厉害在于，他们找到了大量的胸（女性顾客）。

大多数外围的问题，就在于他们首先找不到值钱的手，其次找不到大量的胸（女性顾客）。

两者只要解决一个，就能赚大钱。

敢于做选择

前几天，有一个女生向我咨询，她是小县城的体制内老师，月收入 5000 元，要嫁给一个已经年收入百万的创业者，对方准备给她付房子的首付，只写她的名字。这个年轻男人，性格稳定，踏实上进，唯一的缺点是：在一线城市生活，父母双亡。

但是这个姑娘犹豫了，她说她害怕吃苦。

这个咨询的回答我没必要讲了，关于这件事，另一个女孩在我的评论区不断追问。

> 异地怎么独自带孩子？
> 放弃每月 5000 元的稳定收入，以后被老公看不起怎么办？
> 老公事业继续成功，出轨怎么办？
> 去一线城市以后，不适应环境怎么办？

我非常惊讶地发现，有些人宁愿"吃苦"，也不敢做更好的选择。

她说的问题存在吗？存在。

她的担心有没有道理？有道理。

但是她的思路对不对？当然不对，她完全只想一劳永逸地解决所有问题。

月薪 5000 元她都能接受，年收入百万元居然不接受？

小城市她都能接受，一线城市居然不接受？

这就是一个典型的庸人思路，也是很多自作聪明者的选择。即使天上掉馅饼，砸到他们头上，他们都能做出一个错误的选择，这就是为什么有人活成了"外围"。

因为他们宁愿吃奋斗的苦，也不愿吃选择的苦。

大量的胸（女性顾客）和值钱的手，道理这么简单，为什么还是有人始终停留在"外围"阶段呢？这就是涉及到选择的问题。

解决完大量的胸（女性顾客）和值钱的手，是不是问题就结束了呢？当然没有，我们故事还可以讲下去。吴国最后被越国灭了，这个宋国的商人贵族，最后应该没有好果子吃。维秘到今天，已经步履维艰，销售额不断下滑。

那么，他们的商业经历有没有价值？当然是有价值的。但是，有相当一部分人认为其没有价值。

因为大量的胸（女性顾客）和值钱的手，都是有风险的。当然，选择原地不动风险更大，但有人就是会选择原地不动做"外围"。

不愿意做选择的人，就只能活成"外围"。

关于致富真正有价值的东西，简单来说就是两件事：

第一，值钱的手——高客单价；

第二，大量的胸（女性顾客）——高频。

怎么把高客单价的东西做到高频？

我太太是一个黑暗料理大师，她几乎能把所有炒菜做成黑暗料理，这几年我发现她的厨艺大幅度提升了，提升的关键在于我买了一口法国的珐琅锅。

珐琅锅比较厚，厚的优点是储热好，食材均匀受热，不会夹生，也不会糊，适合普通人使用。缺点也很明显，非常耗时间，费燃料。

我还有一种普通的锅，铁皮非常薄，炒菜时必须非常快地翻动。优点是省时间省燃料，缺点是要勤翻动，适合有烹饪技术的人。

这就是面对问题的两种解决方案：铁皮锅的发明者肯定是个

聪明人，而珐琅锅的发明者也许没那么聪明，但他同样解决了问题。前者是技术性解决问题，后者是商业化地解决了问题。

聪明人的解决方案往往非常有技术性，但是很难推广，因为它往往对使用者有技术上的要求，很多人不会操作，很可能也看不懂。

看不懂就不能复制，不能复制就等于把多数人劝退，劝退多数人就不能形成规模效应。

用技术方案解决问题往往不如用商业化的方式解决问题。商业化的方式就是把技术问题在场外解决，使用的人只要点点鼠标就行。即降低使用者的时间成本、学习成本。

只有这样，大家才会蜂拥而至，购买这种服务。

白居易写诗，一定要念给老太太听，老太太都能听懂了，才有传播性。

这就是"傻瓜效应"，让"傻瓜"都能使用的产品，才是有商业价值的产品。

赚钱跟智商没有关系，赚钱只与降低使用者的成本有关系。

谁为大家节省了时间成本、学习成本，谁就能赚钱。

我们从来不缺乏聪明人，阻挡一个聪明人成为有钱人的关键就是：聪明人总是成为硬核玩家，技术性解决问题，而真正赚钱的方式是商业化解决问题。

第二章

格局
在成功之前想象成功

第二章 格局：在成功之前想象成功

1. 进化：是降维打击还是精益求精

> "认知升级"和"细节精进"是两件事，人却是一个人。真正能够成为赢家的人，往往是把"认知升级"和"细节精进"两件事同时做好的人。只不过，当很多人去关注这些赢家的经历时，有的人关注到了认知，有的人关注到了细节。

有很多对立的名言名句，比如"有志者事竟成"和"选择大于努力"，又比如"细节决定成败"和"认知决定成败"。

人的红利有两种，一种是认知红利，一种是精进红利。

所谓的认知红利，就是人无我有，选择了正确的赛道，正确的方向，事半功倍，任何付出都能收获十倍甚至百倍的红利。

另一种是精进红利，就是人有我优，做卷王，大家都在做同样的一件事，只有做得最好的那批人，能获得最大的红利。

认知决定成败还是细节决定成败？问这个问题的人，往往忽略了一件事，认知和细节往往是一件事。

只有拥有更高认知的人，才能筛选出关键的细节；而只有掌握足够多细节的人，才能提炼出更高的认知。

认知并不是天上掉下来的馅饼。幻想坐在家里足不出户，就能炮制一个《隆中对》出来，然后无往而不利，这只存在于小说中。

细节也并不总是和"成事"天然挂钩。很多人纠结于细节的精进，却缺少了正确的格局，细节不但没有办法成事，反而成为他们的拖累。

"认知升级"和"细节精进"是两件事，人却是一个人。真正能够成为赢家的人，往往是把"认知升级"和"细节精进"两件事同时做好的人。只不过，当很多人去关注这些赢家的经历时，有的人关注到了认知，有的人关注到了细节。

认知成就格局，格局决定成败是战略的重要性，是做正确的事，重要的是选择，追求的是10倍的利润。

细节就是精进，细节决定成败是战术的重要性，是正确地做事，重要的是努力，追求的是2倍的利润，是正确的事情反复做。

战术的成功无法扭转战略的失误，战略的成功，同样无法弥补战术上的失败。一切规划都需要落地到执行层面、战术层面。

因为"成事"本来就很难，成功本来就是一件非常低概率的事件，那些笑到最后的赢家，往往是做对了所有的事情，即战略上成功并且战术上成功，认知升级并且细节也足够精进。

管理大师杰克·韦尔奇在《赢》这本书中，讨论了成为赢家的条件。什么是赢家？开始赢，中间赢，收尾赢，就是赢家。他列举了成为赢家的方方面面，你会发现这些条件和问题，几乎涵盖了做事的所有问题，也就是说：做对了所有事情，才能成为赢家。

所以，成功是什么？成功，就是在正确格局下，努力做好细节。赢家是什么？赢家，就是在做正确的事的前提下，正确地做事。对于每一个人而言，就是人生战略方向走对了，并且一直在精进自我。

我见过的那些跨越阶层的牛人，其实成功的经验并不复杂，他们通常具备两个特点：第一，选择做对了；第二，足够自律，足够努力。更通俗的说法就是，做10倍的选择，付出2倍的努力。

注意，这不是一个并列关系，而是一个因果关系。因为做出了10倍的选择，所以可以进行双倍的努力。因为选择对了，这时你付出双倍的努力，收获的期望是肉眼可见的，反馈及时而明确，才能让人坚持；同样，正因为做出了双倍的努力，更容易发现行业中10倍的机会，你在人生的每个关键点，虽然并不一定是第一个吃螃蟹的人，但是往往在吃螃蟹的第一梯队，总是最先得到认知的红利。

这就是先有认知红利，后有精进红利。2012年8月微信上线公众号平台，2013年发现这个机会，开始做公众号的人，无一例外都是第一批吃螃蟹的人。这时候能意识到微信公众号拥有潜在市场，并果断躬身入局的人，不少都将自己的公众号做成了千万级的大号，这无疑就是认知的红利。我自己在 2014 年底开始做公众号，虽然并不是第一批大玩家，但是也算是享受了认知红利，经历过一篇文章带来 10 万、20 万粉丝的暴涨的时候，坐上过第一波红利的末班车。这一波红利，也让我吃到了今天。

现在自媒体已经从蓝海杀成红海，做自媒体的机会依然还在，但是要杀出重围必须付出至少是别人 2 倍的努力，必须成为"卷王"，做更优质的内容，比别人更懂怎么抓住大众心理，才能享受到红利，这时候，精进红利十分重要。

有些"卷王"在微信公众号成功了，有些没有，但是这些"卷王"无一例外都有比较好的结果。有些人完成原始的粉丝积累和金钱积累，到抖音、B 站、小红书这些平台成为头部；有些人没有完成原始积累，但是积累了足够的内容、经验，同样在抖音、B 站、小红书成为顶流。

这就是认知红利带来精进红利，因为精进红利，发现了认知红利，有人先认知后精进，有人先精进后认知，赢家最终都是殊途同归，区别并不太大。

真正重要的是我们的经验：

第一，10 倍增长比 2 倍增长更容易；

第二，人生只需要精进一次。

要成为赢家，一定要去寻找 10 倍增长，乃至百倍增长的机会。我们一定要意识到：真正能够解决我们问题的，是 10 倍的机会，而不是 2 倍的机会，因为 10 倍增长比 2 倍增长更容易。为什么？第一个原因是 10 倍的机会代表你放弃了贫矿。放弃了那些更困难，更少产出的机会，你选择了只要稍微努力，就有产出的赛道。就拿我来说，我在2014年做自媒体的时候，是在知乎平台和微信平台同时发展的，知乎上有20万的粉丝基础，不过增长缓慢。如果我选择深耕知乎，那么当时就是选择了2倍的机会，但是我选择了10倍机会的微信公众号，粉丝增长的速度比我想象的更快，收入的增长速度也比我想象的更快。

第二个原因是10倍增长不需要坚持，你自己会上瘾。因为10倍增长的机会，无论是当时广告费的回报，还是粉丝量的回报，都太过"甜蜜"。我在微信公众号的坚持几乎谈不上坚持，所有享受过早期红利的人，都是以一种近乎疯狂的状态在写作，因为赚钱太容易了。

在10倍增长机会下的人，都自然会做出2倍甚至10倍的努力，因为这种努力，根本不需要坚持，就是一件自然会发生的事。

同样，付出2倍乃至10倍努力的人，也相继迎来知识付费、私域等一个个风口。这时候，你会发现，这些风口根本不需要你去发现，你只要随波逐流就行了，机会变得很简单，无非就是看到别人做什么，你跟着做。

你只要精进过一次，后来做的事无非就是以前经验的平替或者复刻，只要把以前的经验稍微修改，就能适应新的环境。实际上，当你真正成为某领域的专家，你会发现，某些行业除了发明新词，并没有多少改变，你原来的成功经验，都是可以平移的。

所以，你的人生可能只需要精进一次，剩下的不过是萧规曹随，复制粘贴。

2. 教育：为什么只有少数人可以成功

> 为什么只有少数人可以成功？因为大多数人无法近距离地观摩成功，所以无法真切地想象成功。

为什么很少人成功？因为人们普遍高估了主观能动性这件事。

中国的物流行业有一个桐庐帮。著名的三通一达（即申通、圆通、中通快递和韵达快递）的董事长和高层，几乎全部来自浙江的一个小县城桐庐。更确切地说，他们都来自一个关系网，来自申通的创始人聂腾飞。

1993年，聂腾飞创立了申通快递；1998年，聂腾飞不幸遭遇车祸，聂腾飞的妻子和大舅哥接管申通；1999年，聂腾飞的弟弟聂腾云在申通慈溪公司的基础上创立了韵达快递；2000年，申通快递的财务张小娟的丈夫喻渭蛟创立了圆通速递；喻渭蛟有个初中同学叫赖梅松，他和申通快递旗下分公司经理桑学兵合作，在2002年创立了中通快递；聂腾飞创立申通时，有一个合伙人叫詹际盛，他在1994年和弟弟一起创办了一家快递公司，叫天天快递。

聂腾飞只有初中学历，他从浙江桐庐到杭州闯荡，去了一家印染厂打工。当时聂腾飞发现一个小生意，杭州的外贸公司要送报关单到上海，当时邮政快递把报关单送到上海需要3天，如果

第二章　格局：在成功之前想象成功

他花15元钱，买一张从杭州到上海的火车票，第二天凌晨送到上海，然后骑自行车将报关单送到上海市区，每份报关单他可以收费100元，只要一天能送10多单，他一天就可以赚1000多元。他欣喜若狂，于是拉上妻子陈小英和工友詹际盛，在杭州市湖墅北路一间破房子里成立了一家叫申通快递的公司。

命运的齿轮开始转动，高端的中国电商和物流行业，起点就是一个坐火车、蹬自行车的年轻人。

至于后面的其他快递公司，不过是照猫画虎，萧规曹随，就这么简单。

不只是快递行业，图文打印店老板很多都来自湖南娄底，更确切地说，都来自同一个小镇：湖南省娄底市新化县洋溪镇。为什么会这样？因为20世纪八九十年代，这个镇上有几个人去日本做复印机进口和维修工作，赚到钱之后，开始带着亲戚做打印机维修和图文打印的生意，他们建立了稳固的产业链，几乎垄断了国内的图文打印市场。

山东菏泽曹县的汉服，占据了中国汉服电商三分之一的份额，是中国最大的汉服生产基地。而当地汉服产业的兴起，是因为当地有一个非常冷门的行业——殡葬业。明清时期，这里的木雕水平比较高，导致一个产业非常兴盛——寿材业，也就是棺材。曹县的棺材一度占领日本90%的市场。棺材又带动了当地殡葬寿衣业的发展，寿衣业发展以后，他们积累了足够的技术和经验，开始进军影视服装市场，一度占据了70%的戏服市场。当汉服兴起以后，这个县进军汉服市场，迅速占据了三分之一的市场份额。

中国有两个麻辣烫品牌,杨国福麻辣烫和张亮麻辣烫。网络上盛传,张亮原本在舅舅杨国福的麻辣烫店打工,学到技术以后出来单干,创立了张亮麻辣烫。后来张亮辟谣,说两人确实是远房亲戚,不过他从来没有在杨国福的麻辣烫店里打过工,但是,他开始做麻辣烫,确实是受杨国福启发。

也就是说,杨国福对张亮没有任何提携,仅仅是靠示范效应,就让张亮复制了他的成功。而在哈尔滨市宾县,产生了几十个当地的麻辣烫品牌,很多年轻人在他俩的激励下,做起了麻辣烫生意。

所以成功在外人看来可能非常复杂:在桐庐县以外的中国其他地方,很多人不知道干快递的生意;在菏泽曹县以外的县城,很多人不知道能去做寿衣乃至做汉服;在湖南娄底以外的县城,没有人把图文打印当成理所当然的事业;在哈尔滨宾县,一个年轻人想要出人头地,可以从麻辣烫做起。

对于县城的人们而言,从事快递、图文打印、做寿衣汉服、麻辣烫,是一个可触摸到的成功,是隔壁叔叔家的孩子干出来的名堂,是可以复制的成功。

人们对于马化腾、刘强东的成功,并不会引起触动。但是,对于"隔壁家那小谁"的成功,却非常敏感,很容易产生"我也可以"的念头,并跃跃欲试。一旦开始复制这条路径,人们就会发现这条路其实并没有多难,很多时候就是跟着同行走,仅此而已。

一个菏泽曹县做寿衣的商家,很可能只是寿衣生意不好了就做戏服,戏服生意不好了就做汉服,他做这个生意的选择非常简单,无非就是有什么生意就做什么生意，或者去做大家都在做的生意。

在外行外人看来，这是非常有格局的一件事，甚至会脑补很多情节，比如壮士断腕、断尾求生之类的。但在进入行业的内行人看来，这就是业界常态。

在很多人的想象中，张亮麻辣烫的成功应该是因为他拿到了杨国福的秘方和技术，所以开店爆火，要不然为什么别人不火他能火？这就是外行的想象。实际上，麻辣烫生意的爆火，可能跟秘方和技术关系甚微。

为什么只有少数人可以成功？**因为大多数人无法近距离地观摩成功，所以无法真切地想象成功。**

普通人的身边缺乏成功的案例，缺乏触手可及的财富传奇，那些遥远的财富神话、远方的成功故事，对于大多数人来说是没有意义的。对于一个处在湖南省娄底市新化县洋溪镇的青年来说，埃隆·马斯克（Elon Reeve Musk）的财富传奇、沃伦·巴菲特（Warren E. Buffett）的价值投资，跟天方夜谭没有区别。终其一生，他既不可能做一家投资公司，更不可能制造一台特斯拉汽车，这些人的故事，都远远不如在街上开打印店，一年赚几十万元对他更有价值。

大多数普通人连开一个打印店的路径都没有。即使在信息时代，对于大多数普通人而言，成功依然是遥远的回响。人们只是听闻，并不曾目睹，更无从得见全貌。这就像很多人经历过电商和房地产风口，也知道有人已经靠炒房和电商发财，但是他们不知道电商怎么选品，怎么获客，身边没有人让他们学习模仿，他们无从着手。这就是为什么有那么多风口，很多人却错过了。

对于大多数人来说，这些"风口"并不是人生一个可能的选择方向，只不过是日常浏览信息中的一条，要成为一个可供选择的方向，还需要更强烈的示范效应。很可惜，大多数人的周围都是普通人，都不会看到、不会选择"风口"。大多数人周围的老师、父母、长辈，他们会建议你考公务员，想办法当官、进国企、进央企，他们不会鼓励你去做那些"不靠谱"的选择。

人们高估了主观能动性这件事。实际上，一个人的主观能动性非常有限，"人定胜天"这件事，更多的是对人的鼓励、安慰，而不是客观的现实。**如果要变得成功，首先你要拉近跟成功的距离，把"远方的成功"变成"近处的成功"。**当你在报纸或者互联网了解到一个新兴行业，不要把它当成一个信息，因为很快这条信息就会被你庸常的生活和社交网络的杂音盖过，你要想办法进入这样一个行业，**离开你生活的环境，去接触同领域的相关信息，而不是在远方猜想成功。**

我在做自媒体行业以前，曾经跟很多朋友聊起过当时的网络红人和他们成功的路径，甚至争论得面红耳赤，一个朋友在嘲讽我后说了一句发人深省的话："如果你想证明自己说的是对的，你要到那些大V的圈子里去，而不是跟我们在这里争论。"

一语惊醒梦中人。所有的讨论和想象都是没有意义的，你要真的想进入一个行业，必须躬身入局，必须到他们的圈子里去。所以我从那时起，坚持在社交媒体写作输出，以一种近乎变态的数量进行输出，开始有了自己的粉丝，然后认识了很多我曾经仰望的大V博主，与他们分享交流后我发现，我曾经的那些猜想并不准确，而我自己一路走过来的经验和经历，才是最有价值的。

3. 命运：逆天改命的人生应该是什么样的

> 决定走上财务自由之路的人，不要相信命运，而要相信自己能扼住命运的咽喉。命运不是天生的，我们只要搞清楚命运这套系统的底层逻辑，就能够逆天改命。

我很喜欢电视剧《漫长的季节》中秦昊老师扮演的龚彪的一句台词："什么是命？我就不信我的命是这样。"

我很欣赏这种人生态度，决定走上财务自由之路的人，应该保持这种人生态度，不要相信命运，而要相信自己能扼住命运的咽喉。命运不是天生的，我们只要搞清楚命运这套系统的底层逻辑，就能够逆天改命。

到底什么是命运？

那些喜好国学的人、研究易经八卦算命占卜的人最喜欢说一句话：一命二运三风水四积阴德五读书。我最反对占卜，本节标题其实是想借此谈谈组成我们人生命运的底层逻辑。

命

命在占卜之流解读为命数，并把它跟出生时辰这些神神叨叨的东西联系在一起，但如果看破这些虚头巴脑的东西，你就会发现命有两个含义：

第一个是先天禀赋。你生在什么家庭？比如你是出生在首富家庭还是生在高官家庭，是出生在西北农村家庭还是上海一个银行职员家庭？是出生在美国还是中国？你的出身决定了你能接受什么教育，大概率有什么经历，这些在很大程度上决定了你的人生轨迹。

如果你生在战乱国家，很大概率你无法接受教育，甚至无法活到成年。可能你从小成为童军一员，扛着火箭筒、冲锋枪射击和被射击。

此外，还有先天的因素，比如是不是先天残疾，有没有绘画、音乐天赋，这都是一个人的命。如果你想成为某领域的专家，是需要基因天赋的。

第二个是时代的大趋势——天时。美国有史以来最富有的14个人，包括洛克菲勒、卡内基、摩根这些人，都出身于19世纪中期的9年间。因为在他们出生后的二三十年，正好赶上美国工业革命，美国开始成为世界工厂，成为世界的工业中心和经济中心。这时候美国涌现了一大批富人，这就是美国的大趋势，在这个天时里，注定会有一大批人成为百万、千万富翁。

而美国的信息产业新贵几乎都是1955年左右出生的。保罗·艾伦（Paul Allen）出生于1953年，史蒂夫·乔布斯（Steve Jobs）出生于1955年，为什么这么密集？同样道理，20年后的1975年美国迎来信息产业革命，这些人正好成为信息产业的新锐。

同样，我国房地产业巨头几乎都是20世纪50年代和60年代初期生人，因为他们正好赶上了20世纪90年代末和21世纪初的地产狂潮。同样，中国的信息产业巨头们，大多数都是1970年前后生人，他们也是在自己人生的黄金期正好遇上了中国互联网的黄金期。

这就是命，过去叫天时，今天叫"风口"。我最喜欢说一句话：人不能跟时代争。你的时代决定了你的舞台是什么，你的舞台有多大。梅兰芳大师只能在他的那个时代成为巨星，今天的京剧大师很难同电影明星、歌星竞争，无他，观众和舞台不一样了，这是不能强求的。

孟子说过"天时不如地利，地利不如人和"。在我看来，"人和不如地利，地利不如天时"。天时是第一位的，天时决定了你的上限，你能做成什么、做多大。

先天禀赋和天时组成一个人的命，决定你人生的基本轨迹和发展上限。"命里有时终须有，命里无时莫强求"这句话有一定的道理。

| 运 |

很多人把命运联系在一起说，其实"命"和"运"，这两者是不一样的。

比如两个人，出身相似，都做房地产生意，都赶上房地产开发热潮，但一个人的公司是行业龙头，一个人的公司半死不活，这主要就是运的区别。

命是必然性，是大趋势；运是偶然性，是个人选择。同样两个大学生，同样品学兼优，都有大好前程，但是一个学生在上学路上出车祸死亡，这就是运气不好。

电影《阿甘正传》里的主角阿甘投资捕虾时赚不到钱,结果一场飓风把别的捕虾船都摧毁了,只有他的捕虾船还在,他因此发财,这就是偶然性,运气。

很多成功人士在做一件事之前,都只是有个大概的方向,认为这个方向是对的,但是具体能做到什么程度,是不可预料的。成功有一定偶然性,某人成功以后,大家总结经验,说他成功是因为他做了什么,这就是成功学,但其实是幸存者偏差。这些成功者、这些幸运儿,当时知不知道自己一定会幸存呢?多半是不知道的。创业者十不存一,百不存一,剩者为王,留下的就是幸运儿。

| 风水 |

这里说的风水不是你的住宅和你的墓地朝向。

那么什么是风水呢?我们以乔布斯为例进行说明。

乔布斯的家庭不富裕,但是他有个优势,住得离硅谷非常近,他的邻居中有很多惠普的工程师,一个工程师看他对电子产品感兴趣,就推荐他参加惠普工程师的晚间俱乐部聚会,那里会介绍最新的电子信息。有一次,乔布斯打电话给威廉·休利特(William Redington Hewlett)(惠普的创始人之一),想要一些电脑配件,结果他不但得到了电脑配件,还获得了一份暑假的零工,去电脑装配车间装配电脑。

所以，乔布斯也是最早接触电脑的那一批人，而且是在他非常小的时候。

这就是风水。乔布斯有幸在他非常小的时候，就跟世界上最优秀的电子工程师生活在一起，可以耳濡目染，获取最先进的电子知识。

我们耳熟能详的孟母三迁，道理就是风水。孟子住在墓地旁边就学别人哭坟，住在市场旁边就学别人做买卖，住在屠户旁边就学别人屠宰，住在学宫旁边才知道读书。

所以，一个人能不能成功，不仅取决于你的父母，还取决于周围的环境。

以上三个因素都是最重要的，所以排在最前面。但是这三点除风水略微可控，其余基本不可控。那么什么是可控的？是积阴德、读书。

| 积阴德 |

中国人讲究因果报应，天理循环，报应不爽，所以要积阴德，不要死后遭报应，也不要报应在儿孙身上。

这是朴素的道理，但是深层次的原因是什么？其实是一个个人品牌建立的过程。

> 春秋时期晋国贵族栾氏，三代都是晋国重要的上卿，家主栾盈德才兼备，栾氏一族却被其他公卿联手灭族，为什么呢？在灭族前就有人说过："盈之善未能及人，而武之

德已远，修魘之怨者，必此时矣。（出自《东周列国志·第六十一回》）"

什么意思呢？就是说栾盈很好，但他还年轻，他的好处还不能遍及所有人；他的爷爷也很好，只是他的恩德大家已经都忘了，不会怀念他了；栾盈的父亲很坏，大家对他有怨气，都记着呢，要报应也就是现在。

古时候，信息传递慢，人的口碑扩散也慢，但是我们所处的时代，信息传递速度非常快，一个事件可以迅速在网络发酵，一个污点也可能让你很快抬不起头，所以阴德这种事已经不是阴德，而是你自己的口碑。

一个人能力是有限的，要想成事，大多数时候需要借力，这个借力的人不只是所谓的贵人，还有很多普通人，甚至是地位低于你的人。人不是一个孤立的个体，那些跟你合作过的人，见过你的人，共同构成了你的社会人格。

你好不好相处，能不能合作，就是你的口碑、信誉。虽然不像你的财富一样有明确的数字，但是同样也有额度，当透支的时候，你就会有报应，当你的口碑良好的时候，你可以用它做很多事。如果你个人口碑不好，即使能力再强、事业再好，也有可能对你造成不可估量的损失。

积阴德，建立口碑非常重要。它其实是一种防御性措施，是止损，给你人生设立一个止损点，预防你不成功。在你顺风顺水的时候它可能没那么重要，但是当你跌到谷底的时候，它是一个安全网，决定你人生的下限不能太低。

| 读书 |

最后一点是读书。有人不明白，读书为什么放在最后，读书是不是不重要？

不是读书不重要，而是前面几点太重要了。对于命好、运好、风水也好的人来说，前三点已经能保证成功了，只要做人不是太失败，就已经领先大多数人了。但是，对于前面三条都没有的人来说，积阴德这件事更多的是一个止损措施，是下限，你要想达到上限，往上走，只有读书。

读书不仅仅是在学校里学习，也不仅仅是读书本，最重要的是做事。读书指的是什么？是你谋生的技能、赚钱的技能，是各种能力。有人特别会表演，有人社交能力强，有人体力好，都可以找到自己的舞台。

找到舞台以后，要么纵深发展成为某一领域专家；要么打通不同领域，连接不同圈层，成为渠道、平台。这两种都可以让你成长。

但是要记住一点，即使能力很强，还是需要一点运气。读书、增长能力会让你过得不错，让你上几个台阶，但是最终能得到多少需要看运势给你多少，你能控制的就是与人为善、积阴德，这代人做这代人的事。

有个教育家说过，以培养天才而论，所有的学校都是失败的。也就是说，世界上最好的学校，都不以培养天才为目的，天才不是培养出来的，只能自己炼成，好学校只能保证让你上几个台阶，达到比较高的层次。

成功者在某种意义上都是天才，也只能自己炼成。我们说的一命二运三风水四积阴德五读书，你即使弄明白了也不会立地成佛，过上成功者的人生，但是它可以让你找到自己的优势和劣势，适当发扬优势和弥补劣势。

4. 努力：捅不破窗户纸的人一生都在无效努力

> 那么怎么捅破窗户纸呢？主要靠运气。这里的运气指两种：第一种运气叫作逆练"神功"，不快也光。第二种运气叫作得遇高人。

为什么有很多人很努力，却无法获取财富和成功？原因很可能是你在做无效的努力。

健身是一个很好的例子，如果你想提高俯卧撑的数量，健身教练教你的无非就是减重和增肌。

| 200 个俯卧撑 |

有个网友教了我一个苏联特种部队的训练方法：每天做 200 个俯卧撑，不限时。就是说你在一天 24 小时之内，随时随地，只要有空闲，想起来就做几个俯卧撑，但是数量要刷够 200 个。

用这个方法训练，可以让特种兵的俯卧撑数量迅速提升。我训练了半个月，头几天是咬牙坚持下来的，胳膊酸胀得连打字都打不了。但是坚持一周以后，单次俯卧撑的数量果然上来了。

不仅是俯卧撑有效，你想提升任何运动能力，就是一个字"干"，"干"就完事了。比如你想提升引体向上，只要能做一个，你就每天没事拉一个，一天拉到你的极限，很快你就会惊奇地发现，引体向上这种超级难的动作，一口气拉十来个也不是难事。

同理，徒手深蹲也是，只要把总量堆上去，你的单次数量就能上去。

我以前的教练也非常好，但是他们的训练方法都没有我从网上听来得有效，这是什么原因呢？

因为我的教练使用的方法是在绕圈子，不是方法不好，也不是不对，但是都没有正面解决问题，他们在分解动作。

| 正确的堆量 |

正确的堆量——任何技能，任何行业，都可以用这五个字来破解。

一定要把握两点：正确、堆量。即它首先是科学的，其次量要堆够。

我认识的几个学霸，他们人生和事业都非常顺遂，他们拿着百万级的薪水，而且还经常玩游戏，线下见过几次面，我发现他们其实也都是非常平常的人，他们并没有天天卷得天昏地暗。

而我见过一些卷得非常痛苦的人，大多是混得不好的人。

前者无非是很早就找到了人生的方向，在很年轻的时候刷够了量，现在只不过在享受红利。

就这？

就这！

人生最痛苦的不是努力，而是努力后没有价值。堆量，很痛苦，但是比堆量更痛苦的是，你不知道堆量的方向对不对。

我在做生意、做自媒体和做投资的时候，努力去找所谓业内的专业人士请教和学习，但是我发现各行各业都充斥着不专业的人，我有个搞投资的朋友说：你不用问我们投资意见，我们也不行。

我们对世界的认知是错误的，我们原来以为正常的人是大多数，其实不正常的人才是大多数。正常的人大概能占到人群的10%，其中1%的人能捅破窗户纸，这些人就是所谓的大牛、大神、高人。

鉴于不正常的人太多了，不专业的人太多了，大神太少了，所以这些人告诉我们的信息，通常都是错误的。这也不能怪他们，他们也不是故意骗你，他们自己也不懂。他们不但捅不破窗户纸，还有可能误导你。

我开始写微博的时候，一天写好几条，一条千字左右，很累，阅读量也不高。当时有个人神秘兮兮地跟我传授经验，说他发现了自媒体每天写作提升的秘诀。结果你猜他说什么？他说："用手机肯定不行，要用电脑写。"我内心的反应是，原来你一直用手机写啊。

就这？

这就是很多人的成功经验，他以为的法宝其实什么都不是，还当宝贝藏着掖着。

你碰到这种人，不掉坑里算你命大。

捅破窗户纸

那么怎么捅破窗户纸呢？主要靠运气。

这里的运气指两种：

第一种运气叫作逆练"神功"，不快也光。

"神功"就是正确地刷量，正常是先正确，后刷量，逆练就是先刷量，后正确。

以我为例，我做生意也好，做自媒体也好，现在的互联网投资也好，都是比别人刷量更多。别人一天写 3000 字，我一天写 10000 字；别人 9 点起床，我 5 点起床。

你肯定想说，这不就是你前面说的"无效努力"吗？对，你很聪明，这就是"无效努力"。所以我说这是运气，在这种无效努力中，有一些幸运儿，会在刷量时无意中找到窍门，他们瞎捅时把窗户纸捅破了，然后一通百通，得以登堂入室。

这就是瞎猫碰上死耗子，我也是这样。但是这样有风险，你要频繁地试错，等你捅破窗户纸的时候，你已经失去了很多时间，成功就来得晚一些。

第二种运气叫作得遇高人。我的高人就是那个告诉我"做 200 个俯卧撑"的人。他是深圳人，做过很多行业，甚至在北极圈工作过。他非常善于交际，运气也非常好，得遇自己的高人，所以一通百通，很多事情一点就透。

无论是哪一种，都是运气。我知道这样说，有点悲观，尤其是年轻人更不理解，很多人喜欢一招制胜的秘诀，但是真没有。被社会毒打过几年的人可能更理解我说的话。

5. 代际：十年寒窗苦读真的赢不过几代人的努力吗

> 寒窗苦读到底是为了什么？是为了财富吗？是为了阶层跨越吗？都不是，是为了稳定，是为了追求确定性。

有句话叫：人家几代人的努力，凭什么输给你的十年寒窗苦读？这句话火了一段时间了，且把一个古老的命题又翻了出来，就是寒门能不能出贵子。

我研究这个问题也有几年了，说说自己的看法。

什么叫"赢"

赢就是改变命运。

真正改变命运的有两件事：全球化和城市化。

很多人喜欢把自己的成功归因于个人成功，但是没有全球化和城市化，你考上清华北大可能也没太大用处。

例如1929年美国经济大衰退时期，有哈佛大学毕业生去面试开电梯这一工作，因为当时失业率太高了。

第二章　格局：在成功之前想象成功

赢是阶层上升吗？

你一定要明白，表面上看起来你的阶层上升了，但是你在全社会的总排名可能没有变。原来你家比别人家一年多吃一顿肉，现在你家比别人家多了一套房，你觉得阶层上升了，其实并没有，社会总排名不变。

我不是说这没有意义，相反这非常有意义。虽然社会总排名没有变化，但是蛋糕做大了，大家都有钱了，这才是真正的价值。

受益于这两点，教育也公平很多。大家回忆一下，你的上一代考上大学的有多少人，考上的是不是都是中专、大专，能考上个本科就祖坟冒青烟了。

现在你考上了985、211大学，就比上一代人更厉害吗？不一定。因为现在扩招了，为什么扩招了？因为城市化、全球化，需要更多有文化的人。这不是教育本身能做到的。

还有一点你要感谢你的父母，给你一个不错的社会总排名。

有很多学生考上大学后改变了命运。俞敏洪考了三年，考上北大。实际上很多人经过复读，也能考上大学。但是，需要家庭有经济能力支撑孩子复读三年。

拿俞敏洪来说，俞敏洪的妈妈李八妹是他们村第一个万元户，在20世纪70年代就开始折腾企业。

"寒门出贵子"这件事，大家从一开始就理解错了。

什么是寒门？

寒门又叫寒族，也就是庶族，对应的是士族，寒门是跟高门对应的，这是魏晋时期兴起的概念。

高门是大地主，大官僚，如果你祖上差不多从汉代开始一直是官宦，没有断过，那你是士族。

如果有几代没有当官，那么还是寒门。或者经过几代人的奋斗，终于成了中小地主，好了，你算个寒门。

看见了没有，这里说的都是地主，没有农民的事，甚至没有商人、手工业者的事。

所以寒门是谁？曹操他家是宦官出身，后来做到太尉，他还是寒门。

不要说当年没有高考，就算是有高考，这个路子也一定不是你的。

寒门想要出贵子，怎么办呢？

走军事路线，也就是所谓的将门。

不要觉得将门很好听，在高门眼里，将门是骂人的。

司马懿家也是寒门，只不过从他这两代起开始好转。后来司马炎当皇帝，跟他的妃子胡贵嫔玩飞行棋，结果胡贵嫔把司马炎手指抓破了。

司马炎骂她：你他妈真是个将种。意思是你家是武将之后。

结果胡贵嫔也不客气：我爹北伐公孙，南拒诸葛，我当然是将种。

什么意思呢？我爹当武将，都是跟着你爷爷司马懿打公孙渊、诸葛亮，我是将种，你也是将种，你全家都是将种。

第二章　格局：在成功之前想象成功

司马家就是寒门，只不过后来掌握了话语权，在史书里给自己家特意加了四个字，"服膺儒教"，什么意思呢？我们虽然是将种发家，但我们也是文化人啊，相当于进修了北大博士。

所以寒门从一开始，就不是真的底层，它应该换个名字，叫"新贵"，换到今天，你得是知名企业家。

而且新贵也要拼。为什么还有个军事路线留给寒门拼呢？因为打仗要死人，士族不想死人，不去打仗，所以你去打仗能出"贵子"。

这就是为什么豁出命能出贵子。在古代，一张考卷就改变命运的事从来没有，你觉得你是分酬（分数换来的报酬），人家那是血酬（鲜血换来的报酬）。

魏晋时期没有考试是这样，后来有考试也是这样。

宋代的科举制度产生了不少科举世家，家里只要有一个人中榜当官，后代就容易中榜。为什么？因为有家学，有考试技巧、有作文思路，这点在学校里学不到，只能是老子教儿子。

看《儒林外史》就明白了。如果你光看一个中学课文节选《范进中举》，可能看一辈子也不明白。

范进为什么能中举？不是因为他老丈人是屠户，屠户虽然有点小钱，能帮帮范进，但这不是主要的，范进中举是因为周进。

周进做了广东学道，才让范进中了秀才，而且跟他说了一句话："你只要考举人，一定能中的。"

范进这个人的文章是好的，但是他过不了秀才这一关，因为他适合过举人这一关。明白什么意思吗？

过秀才这一关，需要秀才这一级的好文章；

过举人这一关，需要举人一级的好文章；

过进士这一关，需要进士一级的好文章；

而这三种文章，是不一样的好文章。

范进的老师周进，就是卡在了举人这一关，所以54岁还是一个秀才，因为他擅长的是进士级的文章。范进这个人，他卡在了秀才这一级，因为他擅长的是举人级的文章。

这就是教育的吊诡。

这才是《儒林外史》要告诉读书人的道理。如果不了解掌握你命运的关键，你读一辈子四书五经，滚瓜烂熟，也无法中举。

而有家学的人，考秀才怎么写文章，考举人怎么写文章，甚至哪个主考官喜欢什么文章，他们都门儿清。

《儒林外史》里有个出书的马二先生，他出的是什么书？出的是科举的评卷，相当于今天的《5年高考，3年模拟》，是那个时代的高考、公考辅导书。但是马二先生这个人，考了很多年举人也没考上。这就相当于，一个高考失败的人，来给你讲高考，他能提供什么经验？他只能提供考童生的经验，还有考举人失败的经验。

所以后来一个高翰林说出了科举的诀窍，他说只看四书五经没有用，要琢磨主考官的文章，琢磨他的喜好。

翰林都是进士出身，他们说的才是真正的考试技巧。

改变命运，完全靠考试吗？他是掌控你命运的关键吗？

什么叫"十年寒窗"

所有人一定要明白一件事：对于成功而言，十年寒窗苦读，

第二章　格局：在成功之前想象成功

只是基本要求。你寒窗苦读十年，我也寒窗苦读十年，我们没有差别，决定我们差别的不是十年寒窗，十年寒窗是必要条件不是充分条件。正如前文所说，十年寒窗只是一个基本的入场券。十年寒窗苦读能不能捅破窗户纸？不一定。

有些人捅破了窗户纸，就登堂入室，别说几代人的努力，几十代人的努力都比不上。

但大多数人都没有捅破窗户纸，因为大多数人都没有天赋，也没有家学渊源，也没有遇到真正的明白人，所以参不透那一层窗户纸。任何时代都不缺乏努力的人，但是这些人大多是捅不破那层窗户纸的，而且现实更残酷的是，窗户纸不止一层。就像《儒林外史》所说的，秀才有秀才的窗户纸，举人有举人的窗户纸，进士有进士的窗户纸。

"三十老明经，五十少进士"，真的有人直到50岁才考取进士，这绝对是一件可喜可贺的事，因为还有蒲松龄这样72岁考不中举人的老秀才。就算是惊才绝艳，也需要很多年的磨炼。晚清状元张謇4岁能背诵《千字文》，16岁考中秀才，可以算得上天才，期间经过16年的6次乡试，方才得中举人，又经过5次会试失利，最终考中进士。

我们现代也是一样，就是一关接着一关。没有人讲透其中关窍，就只能凭天赋和努力一层层磨，磨到哪一步是哪一步。

最重要的是，寒窗苦读到底是为了什么？

是为了财富吗？是为了阶层跨越吗？都不是，是为了稳定，是为了追求确定性。寒窗苦读其实就是一种按部就班的社会主流途径，无论是古代的童生、秀才、举人、进士，还是今天的好小学、好中学、好大学、好工作,无非就是一种主流认可的途径,也就是所谓的"正途"。

正途当然很好,因为正途的风险最低,所以不要说读书苦,来读书的都是来追求确定性的,读书再苦,也没有不确定性苦。因为读书有一个明显的收益摆在面前,这一路上能得到什么,大致都是明明白白的,这就是路径清晰。

也正因为如此,寒窗苦读十年,不就为了进大企业、政府机关、学术机构吗?其中的佼佼者自然而然地落入了按部就班的窠臼,落入了科层制的通道。

寒窗苦读十年,不就是为了不冒险吗?所有的大组织,都是科层化的,你再聪明,再是个天才,也必须在科层制上跟同样聪明的脑袋竞争。

什么叫"几代人的努力"

所谓的"几代人的努力"是什么?

也就是祖荫。

人家几代人的努力,凭什么输给你的十年寒窗苦读?炫耀的其实就是一种因祖荫获得的优势。但我想提醒的是,说这话的人,即使有"几代人的努力",他也必须跟"十年寒窗苦读"者竞争。

《红楼梦》中宁荣二公从死人堆里爬出来换得的功勋,到了贾宝玉这一代,也快折腾完了,如果贾宝玉不去考一个进士回来,贾家就完了。

换一个更励志的说法:"我一路奋战拼搏,终于可以跟你一起坐下来喝咖啡了。"你十年寒窗苦读，终于跟那些有祖荫的人在一个考场掰手腕了。

如果这都不算励志，还有什么算励志的呢？

这不是自我安慰。

祖荫最大的好处是什么？是前辈拼命帮你把所有的路都蹚过了，知道了沟沟坎坎在哪里，前面所有的路都跟明镜似的。所以，祖荫最大的好处就是路径清晰。

几代人的努力，就是为了让子孙的路径清晰。

《汉书·艺文志》说："凡兵书五十三家，七百九十篇，图四十三卷。"《孙子兵法》是战略宝典，帝王之术。《孙子兵法》其实是图册形式的，文字可以给外人看，图只给亲儿子、亲孙子看，后来图册散佚了。图册就是为了保证子孙后代有官做：你要用将军，只能找我家。

同样，汉代的经学世家和宋明的科举世家都是如此：经学的要义，科举的考试技巧，外人不知道。

什么叫家学？家学不是那些潜规则、权术，甚至不是人脉，而是技术性解决方案，是不二法门。所以，做将军有做将军的家学，做县令有做县令的家学，做生意也有做生意的家学，这才是最大的财富。

一个人放弃了自己的家学，要跟十年寒窗苦读的人竞争，只有两种可能：这家不行了，这人不成器。

换言之，所有跟你说"几代人的努力，凭什么输给你的十年寒窗苦读"的二世祖，都是冢中枯骨，不足为虑。

沦落到跟普通人抢一个赛道，正常手段还竞争不过，已经说明他不中用了。

为什么？祖荫就是开挂，就是先天优势。但是放着先天优势不用，那就说明原来的路走不通了，只好到低一阶的赛道来寻求出路。

这是资源的浪费。

其实不只是寒门难出贵子，贵门同样难出贵子。

| 财富从哪里来 |

所以，"几代人的努力"也好，"十年寒窗苦读"也好，都是懒，都是追求确定性。偷懒的游戏，无论是赢还是输，无非是确定性的得失，与财富无关，与赢无关，与社会总排名无关。

与之有关的是不确定性。

几代人的"努力"只是表象，几代人的真正努力是拼命，是贾宝玉的曾祖父们去战场上拼杀换来的一个国公的爵位。寒窗不是不如努力，是不如"拼命"，不如"不确定性"，这就是"学酬"不如"血酬"。

不是寒门难出贵子，而是寒门出贵子从来没有靠学习的。那靠什么？

很简单，我上文已经说了，做将种啊！

寒门上升就是靠将门。富贵险中求，新时代没有战争，那么靠什么？

（1）什么艰险做什么。

援疆、援藏别人不愿意去，你要去；派驻非洲、支援灾区，你要抢着去。

很多人一听这个马上就愤怒了,你这不是坑人吗?

那我劝你一句,你都认为自己是真寒门了,你还怕什么?

司马懿,将种;

诸葛亮,将种;

曹操,将种。

你觉得你比这三个人能力强、智商高吗?他们都靠走这条路线,你有什么不能的?

(2)什么风险高做什么。

注意:这里不是让你去买股票、投资房产,而是让你研究商业,从事商业活动。

你不要说你不敢,你都敢买彩票、买虚拟币,你有什么不敢?

简单来说,任何高风险、高不确定的事都是做将种,做将种大概率是冒险,小概率是财富的巨额增长。实际上,市场是在为高风险付费,而不是给学习付费。

2003年加入腾讯、阿里巴巴,跟2020年加入腾讯、阿里巴巴,命运为什么截然不同?因为2003年加入风险性更高。

任何财富都是风险的代价。我自己对这点深有感触。

我原来很厌恶不稳定性,作为中部省份的人,我最大的理想就是稳定,用家乡人的话说"像保险箱一样"。

可我后来发现,越是要稳定,生活过得越狼狈。稳定的风险是最高的,稳定意味着你放弃了一切可能性。过一种高确定性的生活的代价是:你买不起想要的东西,只能靠攒钱,等攒够钱的时候，你大概率也觉得没有什么意思了。

我在刚工作的时候，为了钱甚至摆过地摊，被前女友的妈妈嘲笑，其实这都是缺钱闹的。

我从开始创业起，感受到的就是压力太大了，我经历两次绝境，这是稳定工作远远体会不到的。稳定工作的绝境最多是老总和上司的呵斥，大不了换一家公司，创业的绝境是真的走投无路。

一旦你走过了煎熬，风险带来的收益也是稳定所无法想象的。

其实不是寒窗苦读没有用，寒窗苦读拿到的是一个下限；而追求高不确定性、拼命才是取得上限的策略。正确的财富途径、最佳的人生策略是：认清寒窗苦读和几代人努力的本质，在"寒窗苦读"的基础上去做"将种"，以"学酬"为始，以"血酬"为终。

6. 逆袭：年轻人在迷茫时该干什么

> 人在年轻的时候，最怕的就是精神内耗导致的行动力缺失。实际上，大多数年轻人，只要做事，无论是做什么，坚持做下去，都会有所收获。

很多年轻人总是迷茫，不知所措。甚至有很多年轻人非常焦虑，陷入精神内耗。

人在年轻的时候，最怕的是什么？最怕的就是精神内耗导致的行动力缺失。实际上，大多数年轻人，只要做事，无论是做什么，坚持做下去，都会有所收获。精神内耗会导致自己一直患得患失，最后选择原地不动，什么也不做。

一般来说，焦虑分两种：一种是对过去的悔恨，一种是对未来的恐惧。

大部分年轻人的焦虑，都是后者居多。

日本作家中岛敦的《山月记》里记载了一个唐代传奇。李征的学问渊博且文采出众，天宝末年，进士及第，补缺江南尉，但是他天性狷介，自视甚高，不愿意在高官面前卑躬屈膝，与卑贱的小官为伍，辞官而去，回到家乡闭门潜心诗作。然而，要想以诗成名又谈何容易？不等扬名于世，他的日常生活已窘迫不堪。生活所迫又做了小官。这时候，时过境迁，曾经的同僚如今已身居高位，而他却不得不屈膝受命于从前为自己所不齿的蠢货。一年后，他终于发疯了，当初被视为乡党鬼才的李征，已经变成了食人的猛虎，他不但作不出诗，甚至身上的人性也渐渐被兽性吞没，逐渐连人话都说不出来了。

这就是一个典型的迷茫的人的结局。

《山月记》其实很好地说明了年轻人的这种心态：

> 我深怕自己本非美玉，故而不敢加以刻苦琢磨，却又半信自己是块美玉，故又不肯庸庸碌碌，与瓦砾为伍。于是我渐渐地脱离凡尘，疏远世人，结果便是一任愤懑与羞恨日益助长内心那怯弱的自尊心。其实，任何人都是驯兽师，而那野兽，无非就是各人的性情而已。

这段话说清楚了大部分人焦虑的来源，不只是年轻人。人最大的焦虑根源在于不知道自己该干什么，于是一边渴望有所成就，一边又虚度时光，大部分时间都耗在跟自己的焦虑对抗上，这就是精神内耗。回头看看，这段时间什么事情都没有做，但是当时自己身在局中，已经疲惫不堪。

这时候最需要的是什么？最需要的就是有人拿着小皮鞭，给你一个目标，完不成就抽你一下。

王阳明的心学，讲人人皆可为圣，前提就是你能不能幻化一个自己，不断地抽自己，让自己前进。

这就是我一直讲的自驱力。

人生其实跟做自媒体一样，最重要的是什么？

是人设吗？是才华吗？都不是。

是选题。是你找到一个好选题、好项目，然后一直做下去，慢慢写，不停创作，如此而已。

但是大多数人，就是没有一个好选题、好项目，或者自以为手里有很多选题，然后左右徘徊，四处迷茫，总惦记这个要几年才能出头，那个要几年才能出头，实际上他们花在迷茫和彷徨中的时间、纠结的时间，远超过做出成果需要的时间。

有很多人问我人生到底要做什么选择，做什么规划才能确保成功。我想告诉他们：你做任何选择，任何规划，都会成功，都会成为赢家。

成为各式各样的赢家。

世界上的赢家有很多种，只要你沿着自己的选题做下去——刷题万遍，赢家自现。

第二章　格局：在成功之前想象成功

你一定会成为赢家，成为各式各样的赢家。

你把时间花到哪里，就会在哪里有所成就。

你把时间花在比较价格上，可能会成为省钱专家；你把时间用在玩游戏上，可能会成为游戏高手。

有人在微博问我："我就是把时间投入在睡眠上会怎样？"我说他大概率会成为一个身体健康但是贫穷的人。任何选择都是这样，你只要选择投入，就一定有成果。

有人说我玩很多年英雄联盟、王者荣耀为什么还没有出成果？

那我问一句，你真的投入够吗？你的投入足够突破次元壁吗？

如果你做一件事很长时间也没有成功，那不如问自己一个问题，你的有效投入时间是多少？真的足够多吗？投入的时候足够专注吗？

天才和赢家，某种意义上都是偏执狂，你如果像偏执狂一样专注于一个极小的题目，你的人生很难不成功。

正如大多数人经历的一样，大多数人都很迷茫、彷徨，都在纠结，你只要稍微认真，就能成为一个细分领域的赢家。

看起来大家的时间都一样，都是一天 24 小时，但在有效专注的时间上，同样是一年，有人可能是 12×365，你只是 1×365，这种差距就是 12 倍。你要用 12 年的时间去追赶别人的成就。

大家口口声声说内卷，其实大部分人根本没有卷，一直在内耗。

其实真正的内卷，不是你无限制地拖时长，而是极度地聚焦，拥有极度的极简主义。

极简主义，不是你研究半天攻略，省个块儿八毛钱，而是极度聚焦你的事业，无暇他顾。

《山月记》的主人公李征，从一个小有才华的诗人，变成一个山间的猛虎，连人形都变不回来，最后反思：

> 我常卖弄什么"无所作为，则人生太长；欲有所为，则人生太短"的格言，其实我哪有什么远大的志向，无非是害怕暴露自己才华不足之卑劣的恐惧和不肯刻苦用功的无耻之惰情而已。才华远逊于我，却凭磨砺精进而卓然成家的诗人，不知凡几。

所以不要内耗，多去卷一卷。这两年过得不错的人，都是前几年卷得狠的人，他们默默扎根很久。

找个好题目，卷一卷，就不内耗了。

人生其实很简单，找好题目，持续卷。

人在精神内耗中，无论有多迷茫，一定要做些事。

人在迷茫时该干什么？

通常迷茫的原因可以分为两种：一种叫穷途末路（没有选择），一种叫歧路亡羊（选择太多，贪念太重）。

穷途末路就是无路可走，人在无路可走时有一个好处，就是怎么走都是向上的，既然没有选择，那就抓紧手边事，有什么抓什么，摸着石头过河，保不齐走着走着就迎来柳暗花明了。

重点谈一下第二种歧路亡羊。

因为不知道自己真正想要的是什么，于是各样技能、各种本事都去学一点，反正没坏处嘛，以后也好多一个选择。

殊不知，过犹不及，多而厌精，最后的结果不是大获全胜，而是狼狈地东拆西补。

这时候你要做什么？

第一步，做减法。先问清楚自己到底想要什么，没有终身理想，就从最近的开始。比如业余时间想学PS[①]赚钱，就不要PR[②]、AU[③]一股脑全学，每天花三五个小时在PS上面，细致打磨，把它学好了，再去学别的技术。

第二步，合并同类项，形成合力。找出一个近期目标，保持并强化，其他的事情暂时统统放下。人的精力是有限的，除非你是天才型人物，否则还是老老实实逐个击破为好。集中优势兵力猛攻，攻破再前进，和一盘散沙胡乱攻击，你说哪个效果好？

第三步，重复、寻找并进一步明确细化目标。以上步骤适合于任何迷茫期。一个人最重要的是知道自己的目标是什么。有的人很幸运，得益于各种机缘与自身努力，很早就确定了目标。

有了明确的人生阶段性目标后再感到迷茫，可能你是缺一个最佳解决方案。既然短时间内没辙，那就一步一步把手头的事情做到最好，不要再受到任何与目标无关的因素干扰，按照上面谈到的"做减法—合并同类项—重复、寻找并进一步明确细化目标"步骤，踏踏实实做好手边事。就算效率没有那么高，也务必坚持。

极度的迷茫集中在大学生、研究生群体身上，他们不知道自

[①] PS，全称Adobe Photoshop，是一款图像处理软件。
[②] PR，全称Adobe Premiere，是一款视频编辑软件。
[③] AU，全称Adobe Audition，音频处理软件。

己想干嘛，也不知道自己有什么特长可以拿出来用，更不知道自己的特长与爱好如何结合，来为自己谋职、求学、创收。

提供一个具体的消除迷茫方法。

拿一张纸，不管顺序，不管重要程度，把这些东西列出来：

1. 你从小到大学了什么科目。

2. 你最喜欢的科目。

到目前为止你学过的所有技能和考过的所有证书：软件类的如PS、C4D；证件类的如驾照、法考合格证、教师资格证；实践类的如炒菜、洗衣，只会做鸡蛋西红柿汤或者帮家里洗过车也算；艺术类的如唱歌、跳舞、钢琴、演讲等；语言类的如英语、日语、各种方言；还有新媒体排版、推文、策划，又或者写过稿投过杂志社等。

3. 你最喜欢干的是哪些事，包括你曾经某个阶段疯狂迷恋的、你目前一想到就热血澎湃的，不管是写代码还是打游戏。

4. 你没那么喜欢但有人说过你做得还不错的事。

5. 你不喜欢但是有人夸过你做得好的事或技能。

6. 你喜欢又擅长的领域或方向。

7. 你得到过高度认可的某件事。比如小时候帮老奶奶过马路算是道德类，哪天管住自己没吃零食算是自我品德类，书法被老师称赞算是学习能力类，各类都想一些出来。

8. 你做什么事情的时候专注度是相对最高的。

9. 目前你要做的有哪些事情。写出具体事务，勾出喜欢的，划掉让你烦闷的。想一下，如果只考虑自己，你最舍不得的志趣是什么，只选一个。

这些条目还可以根据个人情况进一步细化，填充。

写下它们的目的很简单：认识你自己。全部写完以后，忽略它们属于第几条，给喜欢且擅长和喜欢但不擅长的那些词画圈。如果圈出来发现太多了，就只选择喜欢且擅长的；如果还是太多了，就只选最喜欢的那一个。暂时不考虑所有其他问题，只跟随内心做选择。最后选出来的就是你目前最看重的和值得进一步探索的。

除非你心有顾虑，否则答案的可信度是毋庸置疑的。

人的确会变，但是很多东西本质不会改变，从年少到成人这段时间最容易培养终生志趣。如果迷茫，不妨试试这个方法。当然这个方法不是绝对精确，它的精准程度取决于你的答案有多具体。

最后，迷茫是不可避免的，现在不来，迟早也会来。很多时候你的迷茫只是因为理想和现实差别太大，所以认清自己，是破雾的第一步。

以上所有建议的前提是：保持一颗积极的心战胜迷茫，等待醍醐灌顶的时刻。

第三章

心智
先聪明后有钱

第三章　心智：先聪明后有钱

1. 误区：聪明的人为什么会犯错误

> 想趁早的人，会有一种来不及的心态，一旦一个人觉得事情来不及了，就可能做出各种急功近利的事，而这种选择，往往是错的。

张爱玲有句话害了很多人，叫"出名要趁早"。

因为这句话只适合娱乐圈，不适合其他行业。

经常有粉丝问我："升哥，我今年都 28 岁了，还能逆袭吗？"还有女孩会问我："我都 25 岁了，我妈说 26 岁再找不到人嫁了，以后对象就越来越差。"还有的女孩说："我都 22 岁了，大学期间都没有谈恋爱，毕业后是不是就遇不到真爱了？"

很多人都有一种"出名要趁早"的想法，出名要趁早，暴富要趁早，结婚要趁早，恋爱也要趁早，恨不得跟鲁迅一样，在桌子上刻个"早"字。

但是,越是想趁早的人,越有可能起个大早,赶个晚集。因为想趁早的人,会有一种来不及的心态,一旦一个人觉得事情来不及了,可能就会做出各种急功近利的事,而这种选择,往往是错的。

这就像排队一样,赶时间的人总想挑人最少的队伍排,结果发现人最少的收银员动作最慢,然后换队,换来换去,他排的总是最慢的。

人为什么会做错事,犯错误?原因之一就是因为担心来不及了,乱了方寸,即使是开始做对了,后面他也会丢掉对的,去做那个错误的选择。

《史记·伍子胥列传》里有句话:"吾日暮途远,吾故倒行而逆施之。"我少年时看《史记》,喜欢伍子胥英雄豪烈,现在再看,未尝不哭也,特别是这句。

伍子胥父兄为楚平王所杀,衔恨多年,等到带吴兵破楚时,杀他父兄的楚平王已经死了,伍子胥只能把他的棺材挖出来,鞭尸三百,他少年时的朋友申包胥劝他,伍子胥就回了这么两句。

伍子胥的意思是什么呢?"我知道我在做错事,我之所以做错事,因为我已经来不及了,因为太阳要落山了,而我的路已经走绝了,找不到路了,所以我要倒行逆施,我知道倒行逆施是错的,但我来不及了。"

在我读过的书里,伍子胥是做错事还最清醒的人,也是能把做错事说得最明白的人。而大多数人,没有伍子胥那么清醒。

人生需要缓慢地积累,步履沉稳地前进,不疾不徐,前提是要有一个笃定的心态。

大多数做错事的人，就是因为目标太高、欲望太多、野心太大。

人为什么做错事？少数是因为人品不好，多数是因为知道自己没有未来了。**人没有未来才可能做错事，人有未来都想做好事，因为一切都来得及。**

做坏事或者做出了错误的选择，不一定是因为人品坏，可能是因为他没有办法。

一个粉丝对我说，她老公的直属上司是位女士，她老公曾经对这个上司印象非常好，因为他们团队曾经要被高层裁撤，是这个上司一直在保护这个团队，确保他们不被裁撤。

后来团队中一个同事被辞退的时候，质问上司："为什么你总跟高层作对，让团队被边缘化？"然后这个上司就非常气愤，表示以后的事情再也不管了，团队被裁撤也就被裁撤了。所以这位粉丝的老公很担心失业，害怕这个同事害了团队。

我给这个粉丝的回复是：高层要裁撤一个团队，直属上司根本拦不住，也保护不了。我认为这个上司，很可能是一个糟糕的上司，她在上下之间装好人，故意制造信息差：一方面她跟下属释放要被裁员的烟雾弹，让大家拼命干活；另一方面，她没有从高层得到资源，造成部门被边缘化。而她也根本没有保护下属，相反，在关键时刻还会把下属踢出去背锅。

这就是一个能力不行的上司，因为能力不行，她要玩弄很多技巧，上下讨好。而同事因为离职，可能跟人事部门谈过，了解了部分真相（她总跟高层作对），这也是同事恼羞成怒的原因。这样的平庸上司很多，他们只能玩弄花活，玩弄权术。越是大组织这种情况越多，我们知道成语"滥竽充数"，东郭先生就是在队伍里混工资。现实里的职场更复杂，东郭先生不但要混工资，还要让有能力的人背锅，才能保住自己的未来。

人都是自私的，所以成年人的善良，从来都不是品行问题，而是能力问题。富兰克林也有一句话：Tricks and treachery are the practice of fools, that don't have brains enough to be honest.（诡计和背信弃义是蠢人的惯技，因为他们没有足够的聪明去诚实对人。）

有句话叫"一力降十会"，意思是如果力量够强，根本不用技巧，不用去玩弄技巧，因为在绝对实力面前，一切技巧都是没用的。只有足够强大的人，才不会做错事，不会做出错的选择。而那些不够强大的人，他们会急功近利，他们会倒行逆施，他们会玩弄小伎俩、小把戏。

要给自己一个笃定的心态，不要急功近利，永远让自己来得及，才会少犯错误。

2. 自我：智商在人的成功中起多大作用

> 不要盲目地崇拜智商，更要看重勇气、性格，正确面对偶然性以及合作精神等，这些都比智商重要得多。

我们特别推崇智商，如果不涉及道德因素，聪明是对一个人最高的评价，所以《最强大脑》《一站到底》，还有早期的《开心辞典》这类节目能风靡全国。实际上，一个人的智商高低，并不能决定他是否成功。

马尔科姆·格拉德威尔（Malcolm Gladwell）在他的书《异类》里提到一个真实的人叫克里斯托弗·兰根（Christopher Langan）。美国也有一个智力竞猜节目叫《以一敌百》，由1个人对付100个观众组成的大众团，获胜者将取得100万美金。这个叫克里斯托弗·兰根的男人，智商高达195（普通人的智商是100左右，爱因斯坦的智商是150），他6个月开始说话，3岁开始阅读，10岁开始阅读物理学著作，这是一个不折不扣的大众眼中的高智商天才，在节目里，他也在自己赢到了25万美金的时候，果断收手，停止挑战，带着25万美金离开。

这个高智商的天才，一生中取得了什么样的成就呢？获得了诺贝尔奖还是成为纵横商界的企业家？答案是什么都没有。克里斯托弗·兰根的真实身份是个保安，他的确对宇宙理论很感兴趣，他也在研究"宇宙理论"，但是指望他做出任何研究成果，显然不现实。他唯一的高光时刻就是在《以一敌百》节目中拿走这25万美金。

我们回过头来看《最强大脑》的比拼项目，无论是心算、魔方，还是花样翻新的三维立体迷宫，这些游戏的本质都是一种常量竞争，归根结底，只要尽快解谜，比对手快就可以了，是一个简单的复杂游戏。《以一敌百》和《一站到底》这样的智力竞猜节目也是一样，只不过更简单粗暴，把记忆力和计算力，作为智商的代表。

记忆力、计算力有没有用？当然是有用的。但是智商只要到了100以上（做科学研究可能需要更高一些），智商与人的成功就没有直接关系了。

为什么？因为竞争的模式主要有两种，**一种是常量竞争，一种叫变量竞争**，前者是一个简单的复杂游戏，后者是一个复杂的简单游戏。而我们现实里的每一次竞争，几乎没有常量竞争，大多是变量竞争。

常量竞争，只存在于我们人生中最初的阶段，比如校园阶段和职场初期，就像运动员训练一样，越到高级阶段，越复杂。但是再复杂，也是一个简单的复杂游戏，也是一个比大小、拼狠、拼年轻的游戏。就像武侠小说一样，谁内力高，谁武功厉害，谁就是高手，一寸长一寸强，一寸短一寸险，总之是可以计算的。

金庸先生在小说《碧血剑》中写道：

袁承志虽然不懂前人之法，然而围棋一道，最讲究的是悟性，常言道："二十岁不成国手，终身无望。"

金庸先生客气了，现代围棋中，有个更残酷的说法是"15岁不能定段，就可以告别围棋生涯了"。在国少选拔比赛中获得前五名才可以进入国家队。而这个选拔赛的年龄界限就是不能超过15岁。B站有一个博主叫战鹰，6岁半开始学棋，半年就拿到省比赛第六名，以后在省级的女子业余比赛中拿过很多冠军，怎么看都是一个少年天才。但是她定段稍晚，一直到12岁才去北京学棋定段，结果定段一定就是7年，19岁才定段，基本上就与国手无缘了，当然这不妨碍她成为一个很优秀的博主。

围棋也是常量竞争，是简单的复杂游戏，需要你从四五岁开

第三章　心智：先聪明后有钱

始打谱，努力苦熬10年增长棋力，天资不错的选手早早就杀了出来，到了15岁还不能成为国手，就意味着祖师爷不赏饭吃，从来没有大器晚成的说法，也不存在你学围棋了，还可以兼顾成为足球高手、奥数达人的可能。围棋国手跟《最强大脑》上的心算高手、魔方达人一样，他们确实智商超群，但他们也就是一个复杂游戏的高端玩家而已。

这并不是歧视他们的智商，相反，这正是对这个游戏的尊重。因为这个游戏非常复杂，他们必须在这个复杂游戏上投入比常人更多的努力，也必须拥有跟常人迥异的天赋，那么同时也意味着，他们更难适应其他规则。

而生活中的更多竞争是变量竞争，是复杂的简单游戏。

在简单的复杂游戏中，其实真正的规则只有一条：变强，只不过变强的计算过程比较复杂而已。

而复杂的简单游戏则不是变强这么简单，这就是我说肥皂剧比《最强大脑》综艺要"高智"的原因。

简单的复杂游戏有两个特征：第一，是一定有一个最优解；第二，信息透明。自己和对手的信息完全可见的公平游戏，只要找到最优解，就可以让你立于不败之地，是常量竞争。而现实生活中的变量竞争，更多的是没有最优解，你只能在不断平衡中找到出路；同时它也是一个迷雾游戏，所有的信息都隐藏在迷雾中。你可能只有小米加步枪，而对手可能有飞机、坦克和大炮，真正的高手，就是用小米加步枪打败飞机加大炮。在常量竞争中，这是绝不可能的，但是在现实的变量竞争中却是可以做到的。

所以有很多高智商的天才并不明白：社会不是大学校园，你只要会做题、成绩好就是聪明，就是智商高，就能得到奖赏。现实社会中"聪明""智商高"常常意味着得不到更多的帮助。

曾经有一个北大高材生，历数自己集团公司的弊病和改进办法，提出很多战略意见，却被辞退了。这就是很多习惯了常量竞争的优胜者，一下子进入变量竞争中常犯的毛病，他以为自己的智商高，应该无往不利。

实际上，任何一个智商正常的人都可以找到任何一家企业的问题，但是所有的企业几乎都是在"带病生存"，这就是现实，很多时候，你不可能消灭问题，问题本身也是你赖以生存的基础。

有个家长提过一个案例，他和儿子参加机器人编程大赛时，通过计算，把自己得到满分的概率提高到了95%以上，但是每次得到第一的都是其他孩子。

其他孩子采取的是什么策略呢？他们并不知道怎么把满分的概率提高，而是直接把功率提到最高，猛打猛冲。这就是人类社会大部分的现状，在一对一的竞争中，聪明人往往取胜，但是，竞争极少是一对一的，往往是千军万马在一起搏杀，这时候，高智商往往会败于勇敢地胡打乱撞。上天对于勇敢的犒赏，远远大于对智慧的犒赏。

聪明人很难快起来，因为聪明人总是试图找到最优解。而那些莽撞行事的、不那么聪明的竞争对手，他们当中的某些人却常常先"蒙"到最优解。

所以，不要盲目地崇拜智商，要看重勇气、性格，正确面对偶然性以及合作精神等。

3. 智商：为什么有些人看起来智商比你高

> 与其说是聪明，不如说是优势，是你在某方面的积累和投入。这是专业，这是经验，唯独不是聪明，只是看起来很聪明。但是，看起来很聪明，有时候就够了。

有一个读者问我："不好意思，我知道这样说会挨骂，但我就是智商低，我还是想知道怎么提高智商？"

我对那个读者说，只要能去超市买菜，还能正常阅读，基本上智商不会低于 90。而普通人的智商就是在 90 ~ 120 之间，超过 150 就是高智商，低于 70 就是智商低。智商低是有明显的生理特征的，比如行动迟缓，语言能力低下，是肉眼就可以判断出来的。

我们平常看到的人，大部分跟我们一样是普通人。所以这个问题的本质不是为什么有些人智商低，而是为什么有些人智商看起来比你高？

| 我的故事 |

我刚毕业的时候，在浙江工作，内容是做研发。说是研发，其实主要工作是画图，把别人的图纸抄过来，或者把原来的设计增增减减，捏合成一个新产品。

我的师傅是这方面的天才，非常擅长做这种"伪创新"，把几样市面上卖得火爆的同类产品拼拼凑凑，弄出一个差不多的来，然后公司就可以拿到市面上卖了。

浙江的企业有个特点，别管做多大，都非常重视成本控制，无论是用人还是用料都是能省一分则省一分。所以我这个师傅非常受欢迎，是研发部门的技术大拿，虽然他只是个大专生，但是职位和待遇都压好多硕士一头。

很遗憾，我是他手下最差的一个徒弟，因为我内心不是很认同这种所谓的"研发"，所以干活也比较潦草。

浙江企业还有一个特点是嗅觉灵敏，就算公司做得很大，也很少专注一个方面，看见有新的投资，同样会一头扎进去，赚笔快钱。有一天，公司决定跟另外一家工厂合作，当时他们的产品非常紧俏，生意非常好，公司高层显然非常眼红这个生意，打算跟对方合作办厂，可能的话，公司高层甚至打算收购这家工厂。

通常我们的做法是直接复制对方的模式，因为彼此所在的领域相距甚远，所以我们才决定跟它谈合作。研发部派了我师傅去，我们几个徒弟也跟着去见见世面。

对方在小县城里，我们参观了车间，见了产品和技术负责人。面对一个陌生领域，我们都是在凭印象判断，感觉他们水准很高，带队的副总甚至现场表示，回去就合作。最后对方宴请了我们这个考察团。

我本来就是玩玩的心态，但是在宴会上，我无意中听到对方老总的一段话，这段话我现在每个字都记得，那是一段他的奋斗史。

他说刚办厂的时候，头几年都是亏损的，后来他跟几个生产负责人，全国到处跑找供货商。现在他们厂的产品不是全国同类产品里品质最好的，但绝对是同等价格里的最佳选择。因为选用的零件，都是同等品质里最便宜的。

这是很正常的酒局中吹牛的环节，他的下属自然一起举杯感谢老板，我们副总自然也是适当吹捧，再讲讲我们老总的创业史，大家觥筹交错，宾主尽欢。但是我当时听到这句话，脑子里却如电光石火般，一下子被击中了。

从这段话里我发现一个事实，这个企业技术没有想象的强大。

他们的品质好吗？不好。

他们优势是什么？成本控制。

我们的优势是什么？成本控制。

这个企业前几年都是在走弯路交学费，当它真正积累了管理经验，学会了成本控制以后，它的春天才来到，它的核心技能就是管理和成本控制。

而我们公司，虽然从来没有涉足过这个领域，但我们体量足够大，在成本控制方面，有很丰富的经验和人才储备。我们是可以复制对方模式的，引进生产线，招同类企业的技术人员，再找到它的供货商就行。

这个发现完全推翻了我们考察的结论，激动得我酒杯都端不稳了。那天酒席散了以后，回到酒店我就开始写商业计划书，那时候，我甚至不知道商业计划书是什么，临时从网上找模板学习。我把几天内看到的东西，还有在公司一年多，了解到的公司的优势，做了一个初步的评估，歪七扭八地拼凑了一份所谓的计划书，甚至还根据跟风投资周期，做了一个不太严谨的估计：这个行业一旦被我们复制了，也就剩 4～5 年的红利期。

第二天一大早，我拿着这份大概是有史以来最拙劣的计划书，推开了副总的房门。其后的一个会议，那是我进入职场的第一个高光时刻，公司的高层和我们部门的领导，听我结结巴巴地讲了半天话，没有人打断我。

后来，我们公司果然复制了这个工厂，我也跟着这个副总到新厂，当了一个小中层，这对于刚毕业一年的新人来说，算是不错的待遇。但对我来说最重要的不是这个，而是我找到了自己擅长的东西。

在完成这个报告不是报告、计划书不是计划书的东西的一瞬间，我知道了自己的优势所在：我不会是一个好的产品研发和设计，我会是一个不错的战略管理和评估者，我不用画图纸了。

在公司待了半年，我就辞职了。这个工厂的模式已经开始被当地商人大规模复制，后来也如我预料的一样，红利周期只有4～5年。

那时候我也认识到，这种"船小好调头"的企业，遇到利润一窝蜂就上，迅速把蓝海做成红海的模式，迟早也是难以为继的。

| 什么是聪明人 |

我的故事说完了，我想跟大家说说，什么是聪明人。毋庸置疑，我师傅是聪明人，我也是聪明人，但是，如果把我们做的事对调一下就会发现，在画图这方面我是他最笨的徒弟，他大概也没有我这么大的脑洞。

所以，当我们说一个人是聪明人的时候，我们最好问一句，他是什么方面的聪明人？

我相信人人都有自己聪明的一面。《权力的游戏》中的小恶魔是公认的聪明人，他的父亲泰温公爵也是聪明人，但是我相信，没有人会学习他们俩处理父子关系的智慧。

聪明，与其说是聪明，不如说是优势，是你在某方面的积累和投入。我师傅在图纸和设计投入过很多功夫，所以他水平碾压很多名校的硕士、博士；我在那个晚上先人一步，下了很多功夫研究一个商业模式，所以企业的高层听了我的建议。

这是专业，这是经验，唯独不是聪明，只是看起来很聪明。但是，看起来很聪明，有时候就够了。

我喜欢读史书，拿大家最熟悉的三国来说，诸葛亮是聪明人，但是刘备打自己人生中最重要的一仗，是与曹操争夺汉中，却没有打算用诸葛亮，谋主是法正。

诸葛亮不聪明吗？不是。

法正更聪明吗？不一定。

因为法正有个优势，他是今天的陕西人，年轻的时候避难，从关中逃到蜀中，经过汉中。刘备的麾下没有对汉中了解的人，法正是仅有的通晓汉中人文水土的专业人才，而且他身边汇集了很多当年从汉中跑到益州的人，他们有充分的动力打回汉中去。所以后来刘备坚持要打荆州，诸葛亮拦不住，只能长叹："法孝直（法正）若在，则能制主上，令不东行。"（见《三国志·蜀书》）

为什么诸葛亮不能制止，法正就可以制止，是因为法正比诸葛亮更聪明吗？不是。是因为法正如果活着，刘备就多一种选择，法正死了，这种选择就不存在了。而诸葛亮是荆州人，他对北方战线的熟悉，要比法正差很多。

还有一个例子是姜维。诸葛亮死后，姜维坚持北伐，史书会说，姜维继承诸葛亮遗志，力图光复汉室。

真的是要光复汉室吗？可能是，可能不是。

我们看看姜维的背景。姜维是天水人，是被诸葛亮俘虏后投降的魏国人。不妨想一想，如果魏国和蜀国不交战，那么姜维有什么用？论对蜀地的熟悉，姜维比得过那些蜀地人吗？正常做官，按部就班晋升，姜维比别人少十多年资历，又没有积累，举目无亲，凭什么选择他？

所以姜维的最佳策略就是北伐，只有北伐他才有存在价值。直到蜀汉都投降了，皇帝刘禅自己都投降了，姜维才假装投降魏国的钟会，并意图煽动他造反，再想办法迎回刘禅。他为什么这么执着？史书上会说姜维忠义，可是大家不妨想想，蜀汉的其他人投降都没有问题，魏国的高层都会优待，但姜维这种降而复降的人会是什么下场？

历史看多了，看懂了，就会有一个感觉，没有聪明人，没有神仙圣人，没有帝王将相，只有普通人，他们是在做对自己有利的选择而已。

怎么提高"智商"

怎么提高智商？很遗憾，这是没有办法的。但是，我有让你看起来聪明的办法，让你看起来智商高，因为有些牛人，也只是看起来比你智商高的普通人而已。

（1）做事之前做充分的调查。

做任何事之前，一定要充分调查清楚，再拿出来讲，不然宁可不讲。要确保你足够专业，才能有足够的话语权，让你看起来很聪明，很厉害。

（2）攻其一点，不及其余。

人生切忌多个战场开战，再厉害的统帅，多线作战也是作死。要牢记少就是多的原则，你一年能聚焦自己的专业、工作领域的一个方面，完成一件大事就够了。

完成一件漂亮的、醒目的工作，胜过你日常辛苦的一万件小事。

（3）给自己一个聪明的标签。

刚刚加入一个团队的时候，要主动给自己定位，在别人还没有熟悉自己的情况下，给自己一个聪明的标签。人们所认为的聪明，无非是口齿伶俐、工作能力强、思维严谨、文笔流畅、规划能力强等。选一个最适合自己的标签，或者说团队里最容易冒头的一个标签，表现自己这一方面的天赋。

切忌，不要给人留下算计、斤斤计较的印象。

我能够跟大家说这些，是因为我自己真的遇到过很多沟坎，然后跌跌撞撞地爬了出来。今天可以云淡风轻地谈自己的经历，是因为爬过这些沟坎后才发现，只要合理规划，其实那些并非难事。

野蛮生长是可以规划的。我们其实都是普通人，那些真正的天才固然令人艳羡，但我们这些平庸的凡夫俗子，爬过一个个沟坎，努力向上攀登，自有一番风景。

4. 升值：在高度不确定的时代，如何确定地升值

> 高度不确定的时代，最大的问题是什么？是杠铃并不是一个两端平衡的杠铃，重心不是总在中间。所以我们要配置在两端。

前几年，互联网特别流行巴菲特的一句话："退潮的时候，才知道谁在裸泳。"

对应的是雷军的一句话："在风口上猪都能飞。"

其实是一个意思：赚钱都是赶上好时代了，赶上风口了，牛市的时候人均股神，熊市的时候输到裤衩不剩。

我现在越来越确定一个事实，就是2020年我在跨年脱口秀《内心的火焰》中说的，其实大家都是演员，我们以为的专业人士大多都是演员，各个行业充斥最多的是演员，而且不只从业者是演员，连很多机构都是草台班子。

所以，当退潮的时候你会发现，大家都在裸泳。

裸奔策略

比退潮的时候知道别人在裸泳更尴尬的事情是什么？是别人都在裸泳，只有你有一条裤衩。这甚至不是尴尬，这是一个恐怖故事。因为所有裸游的人，会一起动手把你的裤衩扒掉。

2021年，对于很多人来说是很不好过的一年，因为很多人遭

遇了不确定性，很多人感觉自己脚下的路，就像是《鱿鱼游戏》里的玻璃桥一样，你不知道走到哪块玻璃会碎。

因为过去的几十年，我们处在一个高度确定的时代，我们知道买房一定会涨、工资一定会涨，所以这是一个很好玩的游戏，因为我们很清楚自己能够得到什么。

但是，历史上这样的时期是非常少的，而高度不确定才是历史的常态。

为什么不确定？第一，大环境比较差；第二，竞争激烈而内卷。

那么在高度不确定的时代，你怎样确定地去升值？

我再讲一个裸奔的故事。

有一天，国王想取笑阿凡提，就给了他一匹老马，让他随同打猎。打着打着，忽然下起大雨来。国王和随从们立刻掉转马头跑回去了。阿凡提的老马跑不动，他就把外衣脱下来装在褡裢里，冒着雨往回走。不一会儿雨停了，天晴了，阿凡提重新穿戴好，骑着马抄近路回到了官殿。国王挺纳闷地问："阿凡提，你的衣服怎么没湿呀？"阿凡提说："您给我的马真是了不起，你们走了以后，它忽然长出翅膀腾空而飞，一眨眼就到家了。"国王又吃惊，又羡慕。

下一次打猎，国王骑了阿凡提那匹老马，把自己的千里驹让给阿凡提。结果又下起了大雨，阿凡提立刻掉转马头跑了回去。国王信了阿凡提的话，让随从们都先回去。可是老马并没有长出什么翅膀。国王这才知道上了当。

你觉得阿凡提的结果是什么？我觉得阿凡提很可能会挨打。

但是阿凡提有一件事做得很对，就是当大雨来临时，他在裸奔。无论你骑多快的马，你都不免被淋湿，而在下雨的时候，没有人会在乎你是不是裸奔。

所以这时候，你不如把衣服脱下来，放在你的褡裢里，然后裸奔，只要你在大雨里没有倒下，等到天晴时，你就可以第一个衣着光鲜地出现在众人面前。

这就是第一个策略：裸奔。

中庸和狂狷策略

我初中的学校是一所超级中学，它的管理是衡水中学式的，非常严格。这所学校既有初中部，又有高中部，人特别多，但是厕所特别少，下课时间只有10分钟，会有很多人上不了厕所，所以只能憋着，真的有人一憋就是一上午。

我当时的教室还是离厕所最远的一个，班级里有很多人选择不喝水。但我是一个特别能喝水的人，让我不喝水简直比杀了我还难受，于是，我就决定即使迟到，也要去厕所。

然后我发现一个事实：表面看起来熙熙攘攘的人群，其实有很多缝隙，大多数人都不是认真上厕所的，都是边走边聊，挨挨挤挤随大流。我完全可以用跑百米的速度跑起来，只要我能在飞奔中避开每一个行走的人。

课间10分钟的时间，我用七八分钟就能跑个来回。

所有人都讨厌不确定性，那么如何在高度不确定的时代中追求确定？

孔子给出一个方案：中庸。很多人对中庸的理解有错，以为中庸就是平庸，其实中庸不是平庸，《中庸章句》中说："不偏之谓中，不易之谓庸。中者，天下之正道，庸者，天下之定理。"

中庸就是适当，是你一出手就能找到问题的重心，能做出最恰当的选择。

如果所有事都能做到最优选，那当然是最好的，但是可能吗？

不可能。

连孔子也承认："中庸之为德也，其至矣乎！民鲜久矣。"（出自《论语·雍也》）

那么我们普通人无法做到中庸怎么办？

孔子还有一句话："不得中行而与之，必也狂狷乎！狂者进取，狷者有所不为也。"（出自《论语·子路》）就是说如果我不能跟中庸的人在一起，那么我要跟狂狷的人在一起。

什么是狂狷呢？

狂者，永远保持进取之心；

狷者，能坚持自我，不随大流。

孔子给了普通人另一条变厉害的道路——就是狂狷。

狂者，就是在熙熙攘攘的人海中依然能够大步流星，这就是冒险。

狷者，就是别人在大雨中狂奔的时候，你能够脱下衣服放在褡裢里，等待大雨停止，这就是保守。

我们应该怎么规避风险？我们应该既保守又冒险。

杠铃策略

孔子的"中庸和狂狷"理论,与黑天鹅之父纳西姆·塔勒布(Nassim Nicholas Taleb)的"杠铃策略"非常相似。

在发现澳大利亚的黑天鹅之前,欧洲人认为天鹅都是白色的。但随着第一只黑天鹅的出现,这个曾经不可动摇的观念崩塌了。黑天鹅的存在寓意着不可预测的重大稀有事件,它在意料之外,却又改变着一切。

塔勒布认为,我们在人生中发生风险是大概率的。那么怎么规避风险?他认为应该押注两端,就像杠铃一样,配置在两头,但是重心在中间。

这也就是孔子说的"叩其两端而执中"。就像健身一样,我们要找到重心,抓住哑铃的中间。

高度不确定的时代,最大的问题是什么?是杠铃并不是一个两端平衡的杠铃,因而重心不是总在中间。

所以我们要怎么做?我们要配置在两端,也就是塔勒布说的杠铃策略,孔子所说的狂狷。

你要90%的保守,10%的狂野。

你要把你的衣服藏在马鞍底下,然后一路狂奔。

具体怎么做呢?

塔勒布在读书的时候,要么选择娱乐八卦杂志,要么选择经典书籍和学术论文。而在人际交往中,他要么跟出租车司机、大学生和园丁交流,要么跟最优秀的学者交流,而绝对不跟平庸的学者交流。

第三章 心智：先聪明后有钱

塔勒布的杠铃策略，可以在两个人身上得到验证。

一个是刘慈欣。

刘慈欣是娘子关电厂的计算机工程师，他一边上班，一边写出了《三体》小说，获得了雨果奖。

电力工程师，当时被认为是最稳定的工作之一，而写作，却是世界上最具有不确定性的工作。

还有一个是当年明月。

当年明月是广东海关的小公务员，科长给他的评价是沉默、不会说话，跟同事关系也一般。有了这样的评价基本就完了，一辈子到退休，最多当个副主任。

但是他后来在天涯写作《明朝那些事儿》，结果火了，写作甚至影响到他的前途，他从一个地方海关科员被调到海关总署，后来任上海市政府研究室副主任，副厅级干部，而他当初那些同事很多现在应该还是科员。

所以，往往最稳定、最保守的策略中，也存在着风险。

"杠铃策略"在经济学上有个更准确的说法叫"双峰策略"。

"双峰策略"用到我们的人生上，就是我们应该用80%的精力去做好主业，然后用自己20%的精力去搏一搏高风险的收益。如果失败，顶多损失20%，但是一旦冒险成功，将获得无限量的超额收益。

我自己的经历也证明了这一点。10年前，我自己的主业收入已经非常稳定，那时候我选择了写作，然后误打误撞进入了自媒体这一行，自媒体成了我的副业，最后副业变成了我的主业。

我们到底靠什么躲过不确定性？就是靠有效的配置躲过风险。

我们在确定自己有稳定现金流的时候，一定要有高风险的配置。你可以通过各种策略的组合，来对冲风险。

一个人的价值具体体现在哪儿？

我总结了七点，也可以说是人生的七种武器：出身、学历、城市、工作、配偶、副业、子女。

出身：你的家庭出身、你父母拥有的财力、社会资源，很大程度上决定你进入社会后扮演的角色。

学历：你毕业的大学很重要，很多企业和单位看重第一学历，名门、名校、名企，是在别人不了解你时，你最容易获得的优秀标签。

城市：城市是一个人遇到的最大平台，选择北上广深等一线城市和选择小城市生活，开始大家收入差距不多，但是十年下来，可能差距不止10倍。

工作：进入知名企业、大单位，找到好工作的人，通常也更容易跳槽到好企业，拿到高薪水。工作者的本质都是在为履历打工，这个世界是需要背书的，你的工作履历就是最好的背书。

配偶：你人生中最大的一笔风险投资是结婚，如果要结婚，你现在和未来50%的收入和财产决定于配偶。如果你找到一个好配偶，人生如虎添翼；如果找到一个糟糕的配偶，可能人生最宝贵的几年或者几十年，将在内耗中度过。

副业：名门、名校、名企，这样的人生当然是最好的，但是人无法选择自己的出身，大多数人无法生于名门；年少无知，不知道学习重要，错过了名校；进不了名企，甚至一生为平庸的工作和同事、领导所累。

但是，我们依然可以选择一个能长期提升自己的副业，主业仅仅作为养家糊口的保证，副业经营好，过上自己想要的生活。

子女：子女是未来的保证。我们人生中真正能高强度赚钱的时间，往往就是 25～50 岁，人生的下半场，要么思想落伍，要么红利期已经过去，这时候能依靠的只有子女。只有教育好子女，他们才能承接好我们创造的财富和经验。

这就像游戏一样，你要打败 boss 过关，就需要叠加 buff，buff 英文原意就是"增益"，在游戏中指给你添加各种魔法或者药水特效，让你的能力放大。我们本身的能力很重要，但是打 boss 的时候还差一点，加上 buff 就能打过去了，所以 buff 也很重要。

这七种武器就是七个 buff，你要把这些 buff 全叠加起来，你的状态好了，才能打败 boss。

如果你能把这些 buff 都叠加起来，那么你的人生确实会轻松很多。但是具体到现实问题中，一定要注意一点，你是需要叠加 buff，但不是必须叠加所有的 buff。

这七种能决定我们命运的因素，同时也是增加我们人生不确定性的因素。你会发现，出身没有办法改变，而学历、工作、城市、配偶、副业、子女，我们虽然也可以改变，但是都需要极大的成本。

所以我们真正要学会的，是运用杠铃策略进行配置：

（1）年龄阶段配置。

所谓年龄阶段配置，就是你可以选择在一个年龄阶段持保守配置，在下一个五年或者下一个三年，选择与之相反的策略。

比如你可以趁年轻选择保守的策略，先选择稳定职业，等到有了经济基础，对自己的人生和社会有了更多的经验，再选择相对激进的策略。

最忌的就是，每一个阶段都选择最稳妥的路线，或者是一味冒险到底。

（2）队友配置。

我建议你选择配偶时，进行互补配置。

比如，你自己的职业是非常稳定的，那么建议你选择从事高风险、高收益行业的配偶，或者具有风险偏好的配偶。而如果你的配偶职业稳定，你就不要再想从事稳定行业，而要追求更多可能性。

（3）代际配置。

你同样可以在父母、自己、子女之间实现代际配置。

我们无法选择出身，也无法选择子女的资质，但是我们可以选择进行错位配置。

比如父母都是公务员或者体制内，那么你就可以选择去拼一拼更具有风险性的职业。有很多父母自己已经是体制内，还想着让子女进入体制内，如果这些父母自身没有很高职位，也许并不是明智的选择。

这种组合，我们可以把它叫作狂狷组合，它几乎可以运用在一切有概率的事情上，而我们的人生是马尔可夫链[①]，是由一连串

[①] 马尔可夫链（Markov Chain, MC）是概率论和数理统计中具有马尔可夫性质（Markov property）且存在于离散的指数集（index set）和状态空间（state space）内的随机过程（stochastic process）。可以说是机器学习和人工智能的基石，在强化学习、自然语言处理、金融领域、天气预测、语音识别方面都有着极其广泛的应用。

的概率组成的,我们在其中的选择就特别重要。

选择,永远大于努力。

狂狷组合不敢说能帮你躲过所有的不确定性,但是可以帮助你把风险降到最低,让你一点点变强大。

第四章

规划
没有规划的人生不值得过

第四章 规划：没有规划的人生不值得过

1. 开端：你已经输在了起跑线

> "拳击手"可以赢过"银勺"，普通人也并非不能反超富二代，关键就在于你能否抓紧机会，更快地适应变化、利用变化，在创伤中成长。

我们很多家庭信奉一个成功法则"赢在起跑线"，好像只要赢在起跑线，就可以步步赢，实际上可能恰恰相反。

对于大多数人而言，自己已经输在了人生的起跑线，但是，那又怎样？

持"赢在起跑线"这种观点的人，其实犯了一个错误，错把人生当成一个线性游戏。

还记得我在前文中提到过的简单的复杂游戏和复杂的简单游戏吗？人生是复杂的简单游戏。

顶级的 HR（人力资源）看简历到底看什么？

有一个选择题是，如果你是一家公司的 HR，现在你手上有两个候选人：

A 毕业于知名大学，GPA（平均学分绩点）几乎满分，还有十分完美的推荐信，家境优渥，人生简历一路顺风顺水，几乎是所有人眼中的优秀人才；

B 毕业学校一般，家境一般，履历也是中规中矩，还做过很多类似收银员之类的简单兼职，人生似乎遭遇过很多困境，但依然对未来充满激情。

当这两类人都满足同一个岗位的硬件要求时，你会选择哪一类？

HR 专家瑞吉娜·哈特利（Regina Hartley）在一次 TED 演讲中，分别命名了这两类求职者：像 A 这种一路顺风顺水的优秀人才被称为"银勺"，而像 B 这样经历很多困难和逆境，才能达到同样成功的人被称为"拳击手"。

相信很多人都更中意前者"银勺"，但是事实上，真正有经验的 HR 往往更中意"拳击手"。

对此，瑞吉娜·哈特利给出了值得我们深思的答案：

困难总是与"拳击手"为伴，但他们却因此得以担当重任。

| "拳击手"的潜力 |

TED 曾邀请一位叫孙玲的女孩上台演讲，演讲的标题为 "How I got to google from being a factory worker(我如何从一名工厂

女工,变身成一位谷歌程序员。)"

孙玲出生于湖南一个农村家庭,家境贫寒,在高考失利后就和同学来到深圳的一家电池厂打工,起早贪黑一个月才赚 800 元钱。

她把自己微薄的薪水攒起来,先是花了 3 万元给自己报了计算机编程课,一边上课,一边打工,磕磕碰碰地上完了三期编程课以后,她如愿离开了工厂,在深圳找到了一份程序员的工作。

然而孙玲并没有就此停歇下来。

在当上程序员之后,孙玲有感于自己英语能力不足,一边分期付款学习英语,一边主动地结识了许多外国的朋友,练习口语对话。

在有了一定的英语沟通能力及编程基础后,孙玲申请了美国一所大学的计算机科学硕士项目,接着她用 7 个月的时间疯狂存钱,给自己攒到了 10 万元学费,2017 年,孙玲顺利到了美国开始学习。

2018 年,经过三轮严酷的面试,这个曾经的工厂女工,成了 EPAM(亿磐)公司的一名程序员。

在深圳,她来时默默无闻,归时却带着众人的艳羡和敬仰,这个出身贫寒的女孩,花了 10 年光阴,把孙玲这个名字镌刻进了这座城市。

而她其实不过做了两件事情:第一,攒钱;第二,投资自己。

如果孙玲当年和许多年轻的打工仔一样,把自己每个月赚下的钱,全用来买好看的衣裳、最新款的手机,手里没有节衣缩食攒下来的报编程课的 3 万元存款,她不会有今天。

所谓的投资,就是延迟当下的消费行为。

所有寒门贵子的故事,无一例外,都是从这里开始。孙玲就是典型的"拳击手"。

相比于"银勺"的顺遂,"拳击手"往往会遇到更多的困难,但是"拳击手"总有办法找到出路。

孔子曰:"吾少也贱,故多能鄙事。"孔子年少时家里困难,所以他学会了干粗活,而恰恰这些坎坷经历,成了他之后人生中的宝贵经验。如果一个人在环境逼仄的情况下,总是要面对很多超出自己能力的问题,他就必须通过不断的学习、摸索,想尽办法应用各种工具解决眼前的困境。

这类人表面上看,的确是资源不够充足,或者是欠缺某方面的专业能力,但是往往这类人有丰富的解决问题的经验。

所以,"拳击手"的人生虽然坎坷,但正是因为这样坎坷的历练,他们才会在顺时不骄横,逆时更坚韧。

|"银勺"的短板|

那么"银勺"呢?

他们的人生比"拳击手"顺利得多,人生履历往往非常漂亮,乍一看好像无可挑剔,能力非常强,很多地方看起来也比"拳击手"更专业，也更有自信。

实际上，他们的顺利和自信不仅在于他们自身实力强劲，更在于他们赢在起跑线。他们有着大量的资源，他们的起跑点远远领先于普通人。

在原有资源的辐射范围下，他们自然是做一行成功一行，一旦做的事情超出了资源可支撑的范围，那么他们自身能力的问题就会暴露出来。

《天龙八部》里的阿紫，在面对星宿派追杀的时候，看起来好像是凭她自己的武功摆平了这些追杀她的师兄、师弟们，但事实是这些人忌惮她姐夫萧峰，才让她得以顺利逃脱。

这些师兄师弟只是小喽啰，阿紫尚能应付，当星宿派的大师兄上场时，阿紫并不高强的武功就要暴露了，是萧峰把自己的内力传给阿紫才化解了她的危机。如果当时萧峰不在场呢？阿紫还能扛得住吗？

所以阿紫最擅长的"武功"，其实是姐夫护佑，但姐夫只护得了她一时，终究护不了她一世。同样的道理，很多家境优渥，看起来履历光鲜的富二代们，最擅长的能力，也是找父母的资源护佑。

而"拳击手"这样从小缺少资源支持，又要面对各种各样困难，经历各种各样问题的人，掌握的才是实打实的解决问题的能力。

所以，"银勺"的顺利是短板，"拳击手"的不顺则是财富。因为"拳击手"拥有的恰恰是"银勺"最缺少的东西——创伤。

创伤后成长

什么是创伤后成长?怎样才能利用这个优势获得成功?

创伤后成长主要体现在以下三个方面:适应变化,他人认知,责任心增强。

首先,环境变化让适应能力得以增强。

"拳击手"的适应能力往往更强。因为他们的人生经常要经历各种变化,可能经常需要换不同种类的工作,而每一次换工作,基本上都需要重新归零,从底层开始积累,这虽然对于工作的稳定性而言是负面的,但是对于环境适应能力的增长而言,是有很大益处的。

其次,人际变化让关系认知更加深刻。

生活中的困境,让"拳击手"磨炼的不只是适应变化的能力,还有处理人际关系的耐性和情商。

接触的人越多,越能见识到人情冷暖,一个看清生活真相还依然能积极面对的人,无论遇到何种情况,都会想办法让自己更好地生存下去。

最后,前期的不顺利,往往会让人变得更加谨慎,责任心更强。

人生太顺利时,遇到事情就很容易低估困难的程度。战国时候赵国名将赵奢,军功卓著,却还是每天谨小慎微,经常揣摩思量,反思自己有什么错误。而他的儿子赵括,年纪轻轻就口出狂言,说自己"天下莫能当",自负到把全天下的名将都不放在眼里,只有他自己最厉害。

赵括为何如此?就是因为前期活得太顺利,自己父亲就是名将，虎父无犬子，自小就有各种光环加持，加上自己熟读各种兵书，自然觉得打仗的事还有谁比他更了解？赵括领兵时并不会像他父亲一样，花时间去揣摩怎样打仗才能利益最大化，他只是按着自己的想法来。

还有一点，赵括潜意识里觉得自己就算失败，还有家里这条退路，未曾料到长平之战的惨败是退无可退。

很多"银勺"其实也是一样，他们总觉得如果自己的事业不成功，再不济也还有家里这条退路，自己解决不了的问题，还有家里可以解决，所以他们虽也在竞争，但是往往缺少一种"不成功便成仁"的使命感。那些一直想着自己有退路的人，前进的动力永远比破釜沉舟的人逊色。

"拳击手"可以赢过"银勺"，普通人也并非不能反超富二代，关键就在于你能否抓紧机会，更快地适应变化、利用变化，在创伤中成长。

要知道，成功总是属于那些更需要它的人。

| 90% 的人做不到的事 |

巴菲特曾说："正确的理财不是将你花费之后剩余的资金存起来，而是先存一笔固定的金额，然后才将剩余的钱拿去花费。"

许多人认为理财是一个关乎钱生钱的概念，但是巴菲特认为："理财首先是一个储蓄的概念，大部分人理财最大的错误，就是没有养成良好的储蓄习惯"。可见，没有一定的财富积累，所谓的投资都是空谈。

而这听起来似乎很简单，只要多打几份工，克制住自己不消费，不就能存下钱了吗？

我请大家仔细研究一下，孙玲的传奇经历，她所有的成功路径中都不能绕开一件事——存钱。

但是很多人存不下钱。

浜口和也先生在他的《麦肯锡金钱管理法》中就曾提到过一个残忍的现实，即九成人无法按照计划储蓄，就连许许多多的企业制订了各种计划，能够按照预期推进并取得成功的不足 10%。

而归根结底的原因有三点：

第一，没有确定的目的，无法制定具体的目标值；

第二，没有现实可行的计划，单凭意志力奋斗；

第三，不去回顾计划实行后出现的结果，拿不出改善的方案。

可见存钱也不是瞎存的，首先你得像孙玲一样有一个基本的愿望，比如说要在三个月或者半年后，给自己报一个编程班。所有人都知道有存款总比没有好，但这个"有比没有好"的目标太空洞了，不足以引导一个人存下真正所需的金额。

所以存钱的第一步是有一个具体的目标。如果你最近实在没什么想做的，不妨储蓄一笔能让自己待业在家生活 6 至 12 个月的生活费，以备不时之需。

其次，你要确保自己的计划是切实可行的。你得先分析自己目前的财富状况及消费习惯，从学会记账开始，使用手账或者一些记账 App，而记账表应包含总收入、总支出、储蓄、消费及结余。

如果你现在习惯每天消费一杯奶茶，那么一下子制定一个每天吃饭只花 5 元钱的储蓄计划，显然并不适合。从小的改变做起，

第四章 规划：没有规划的人生不值得过

从每天一杯奶茶，改为两天一杯奶茶，一年也能省下上千元钱。

最后，许多人"一时破戒"就对自己失望备至，从而推翻自己最初制订的整个储蓄计划。其实存钱，是为了给更好的生活打下良好的基础，本就不是一蹴而就的事情，所以在开始储蓄之前，就应该先培养一个良好的心态，准备好应对现实情况，在不改变目标的前提下，随时调整自己的储蓄计划。

如果你实在控制不住花钱，不妨另立一个储蓄户口，让银行每月自动从理财账户中扣取供款。总之，务求找一个地方，让钱只进不出。

许多年轻人，也会问我一些关于基金与股票的知识，想要学习一下。这时，我直接问他们账户有没有10万元，没有10万元，那么有没有5万元。有些人就会支支吾吾地告诉我："差远了，也就……存了4万吧。"

老实讲，投资也是分不同的入场门槛的，如果你连10万元都没有，恕我直言，投入金融市场，绝不是目前最适合你的投资方式。

有些人被消费主义洗脑，可能会觉得抠抠搜搜地过日子，在同龄人眼里很丢脸。这时候我一般都会建议他们读一读《滚雪球：巴菲特和他的财富人生》开开眼，了解一下股神有多么抠门，他们就会知道自己绝对是小巫见大巫了。

根据书里巴菲特的自述，他是很晚才买车的，他热衷于向邻居借车。他不许家里的衣服送洗。还曾因为妻子订了17美元的杂志，觉得不划算，要求退费，被拒绝后，联合附近订户一起控告杂志社。如果他身在中国，那绝对能成为抠门男性联合会的荣誉会长。

巴菲特说："投资，就是放弃当下的花费，而未来能够获得并享受更好生活的一种活动。"可惜大多数人总是想得很美，他们既不愿意放弃当下的花费，又无时无刻不畅想着在未来能享受更好的生活，而那又怎么可能呢？

对于刚踏入社会的年轻人，你最佳的投资方式是抠门，其次就是像孙玲一样，把钱花在提升自己的技能上。

因为这是你人生的开端，你需要攒钱，然后投资自己，看高价值的书，学习有价值的技能，规划有价值的人生。

2. 曲线：普通人人生成长的 J 曲线

> J 曲线最早来自经济学，运用在人生上就是：当你做某事或学习某事时，最开始效率会缓慢上升，当跨过一个门槛之后，做事的效率会直线上升。

| 千军万马，万籁无声 |

我特别喜欢看港剧，尤其是历史剧，有一种粗制滥造的别样美感。

有一部港剧《楚汉骄雄》，里面有个片段，刘邦起义后

第四章 规划：没有规划的人生不值得过

去投奔项羽，项羽带他述说革命理想，把他带到一片小树林，问他："如果这个树林里有十万兵马，这里会怎么样？"

刘邦说："那当然是熙熙攘攘，热闹得好像一个集市。"

项羽说："不对，我看到的是千军万马，万籁无声。"

刘邦吓得打了个冷战，决定跟着项羽混。

港剧好就好在有想象力，虽然是粗制滥造，但是因为编剧的想象力好，感觉都是对的，反而有一种野史的生命力。

越长大，越能理解，想象力是一种稀缺的财富。

我开始跨入内容行业的时候，劝一个姑娘做微信公众号，她的文笔和内容都不错，也去报了很多课，最后，她跟另一家平台签了约，每篇文章50元。我当时震惊了，问她怎么能看上这么低的价格，我告诉她，公众号只要坚持半年，收入就是这个收入的百倍。

她耸耸肩，振振有词地告诉我："平台给我钱了啊，我写公众号，我没看到钱。"

结果，当年做公众号的人均百万的时候，她给平台写稿，坚持了一年多就坚持不下去了。

前不久她找到我说，想重新做自媒体。

庄子说："夏虫不可语冰"。只能活三季的虫子，不可能理解冰是怎么一回事，你一说冰，它就急了。

过去我一直以为"夏虫不可语冰"是认知不行，格局不行，但是见了太多"夏虫不可语冰"的人，现在我觉得这就是想象力不行。

不赚毛毛钱

很多人做副业很多年，还是没有成果，一个很重要的原因就是：

很多人把做副业这件事理解错了，理解成了搞钱，甚至更偏狭地理解成薅羊毛。对很多人来说，做副业就是薅一个平台的羊毛，一个视频、一篇文章，薅个30元、50元，甚至几元钱。只要薅的平台足够多，一篇文章发十个八个平台，一天几百元到手，就是搞钱了，就是做副业了。

然而所有羊毛党，都有一个问题，一个羊毛最多薅一年，为什么？因为羊毛出在羊身上，羊也不傻。

所谓的羊，都是互联网大公司，他们的算法都经过层层设计，小部分确实存在漏洞，但大部分都是经过精心设计的引流手段。

因为不少人是家庭主妇、大学生、上班族，对他们而言，薅一两百元、上班摸鱼、上课偷懒，一个月千把块钱，请女朋友吃饭、买个化妆品，都是赚的。

但结果就是，赚毛毛钱的，最后连毛毛钱都赚不了。

你以为你在薅羊毛，其实你才是羊毛，这些羊毛党本身就是产品的一部分，拿自己最珍贵的时间，换一点毛毛钱。

所以羊毛党和这些所谓的自媒体群，都是火热的时候千军万马，过了半年后就万籁无声。羊毛党要一直寻找下一个羊毛平台，这不是副业，这叫"数据蝗虫"。

第四章 规划：没有规划的人生不值得过

两个曲线

做副业不是搞钱，做副业的真正价值，是开启人生第二曲线。

如果给年龄与收入的关系画个曲线，大多数人的曲线走势是这样的。（见图4-1）

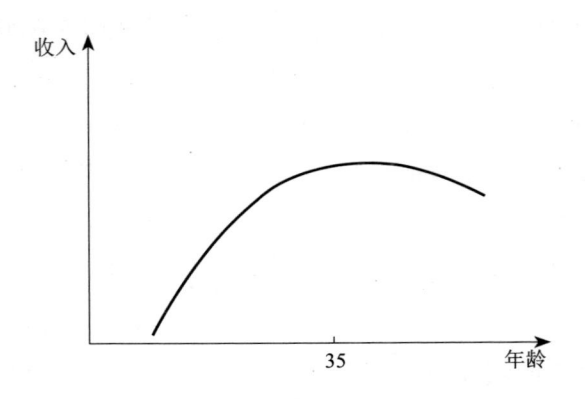

图 4-1　年龄 – 收入曲线

如果给所有家庭的需求画个曲线，大概是这样的。（见图4-2）

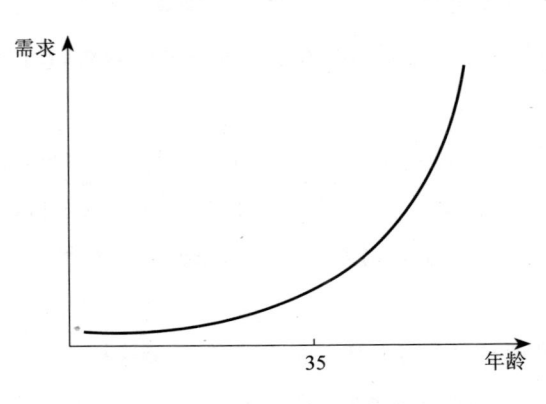

图 4-2　需求 – 年龄曲线

如果把两张图重合,我们会发现收入曲线完全无法覆盖需求曲线,因为到了35岁这个节点,很多职场人的事业开始进入瓶颈期,而很多家庭的需求曲线,开始进入一个高速增长期,因此有个叫"35岁职场危机"的词语广为流传。

很多刚进入职场的二十多岁年轻人,在看到"35岁职场危机"这个词的时候,不禁疑惑,在职场上,很多人真的一到35岁就会失业吗?

所谓的"35岁职场危机",并不是到了35岁就失业,而是在35岁左右,你的家庭收入开始无法覆盖支出,你的身体也开始无法承受以前的工作状态,收入可能会缓慢下滑。

互联网大公司的裁员节点已经无数次证明了这一点。

| 人生第二曲线 |

那么职场人该如何面对35岁危机,让收入曲线覆盖需求曲线?这时候就需要第二条收入曲线,即副业。

到了35岁还没有副业的人,大概率是因为他们浪费了前面的时间。

对于人生的第二曲线,很多人都有误区,想着自己赚些小钱,薅些平台的羊毛就行了。但往往这样想的人,最后自己都成了被薅的羊、被割的韭菜,因为你在拿自己的业余水平去拼人家吃饭的本事。

这些人就是"十万人马,熙熙攘攘",最终被那些"千军万马,万籁无声"的玩家杀得一干二净。无他,前者业余,后者专业。

第四章 规划：没有规划的人生不值得过

我换了几个赛道，见过一些投资人，给我印象最深的就是"圈子"。**你的"圈子"上限是什么水平，基本就决定了你的上限是什么水平。** 大家都做同样的事，能做到上限的人，就是头脑＋运势＋天赋＋执行力都顶尖的人，你的任何一项比他差一点，你就无法超越他。在同样一个圈子里，思路一样，操作一样，怎么突破上限？答案是没有办法突破。

我刚毕业的时候，在制造业打工人这个圈子里，月薪2300元，还经常加班，比较厉害的新人月薪是五六千元，再厉害的是七八千元。过了2～3年，我看见大学群里有人分享经验，说自己月薪是两三万元，群里激动得不得了，都跟看到大神一样，有人甚至组织线上分享。那时候我就知道这个圈子的上限就是这个水平，你各方面做到最佳就是这个水平。这个圈子讨论的都是图纸、技术、考证，都认为只有技术突破才能升职，才能加薪。

后来我转岗做企业内部战略管理，开始接触到更多行业的人，其中有一些是建材行业的人。我发现他们收入最差的人，年薪也有50万元左右。那时候房地产很火，建材行业也跟着发财，因为认识了这些行业的人，我也开始试着创业。

这个赛道的转换，让我进入了全新的圈子，果然很轻松地拿到了年薪50万元，但是我想继续做下去的时候，做不动了。我起步比较晚，这个行业有做到年薪50～1000万元这个级别的，但我就是不能突破百万元。这个圈子里讨论的，也都是政府关系、客户、房地产趋势、大宗原材料价格等，大家最常做的事就是应酬。这几样都不受我控制，我在短期内也无法突破，只能慢慢熬。在这行里做到千万元流水的都是40～50岁的人，这就是我的未来。

大概在2014年的时候,我开始接触知乎,开始接触自媒体这个圈子。我用半年的时间知道了流量、用户增长、互联网运营、社群这些概念。在这时候,我看别人开了微信公众号,自己也开了微信公众号;我看别人写什么,自己也写什么。现在看是踏对了节奏,踩上了风口。比如我开微信公众号,原因是知乎不给我开专栏,我没有办法才去做微信公众号,如同苏秦一样:"且使我有洛阳负郭田二顷,吾岂能佩六国相印?"

现在回头看,知乎专栏没有丝毫作用。我在进入微信公众号以后,逐渐认识了一些自媒体圈子里的人,懂得其中玩法,自己也摸索出来一些玩法,然后意识到这是一个很大的市场。我那时候在知乎宣布,能做到年入百万不是梦,那时候的想法也很幼稚,就是年入百万,因为自己做建材没做到年入百万,就想突破一下。

结果一步步做下来,远超预期,巅峰时期我曾经做到一年广告收入500万元,当然这个行业顶级有一年过亿元的收入。我确实不如这些人,但是也算小成。所以我们这些圈内人,只要稍微跟上,就能赚钱。

做自媒体的几年,我也认识了很多圈里的朋友,圈里赚到快钱的人,无非就是买车、买包,或者买房,他们都没有把自己赚到的快钱固化下来,都跟拆迁拿到几千万元的暴发户一样,所以我开始逐渐远离这个圈子。

最近几年,我逐渐开始接触投资圈,其实我在2016年的时候,也接触过投资圈,只是当时我一门心思想把自媒体做好,没有深入发展。但是那时候认识的人脉,让我结识了很多创投圈的人,开始真正思考商业模式、商业的底层逻辑、护城河等,把自己当一家公司在运营，而不是把自己当成一个专栏、一份报纸。

可以说，每次换圈子都给我带来了价值 5～10 倍的增长，每一次都是无意中认识的人带我入行，让我开始更新圈子、切换赛道。没有这些人、这些事，我待在原来的圈子里，思维可能永远不会换。

如何把副业当主业做

关键不是做副业，而是把副业当主业做，你的主业才是副业。

那么如何把副业当主业做？从我的人生经历来看就是：做对事，跟对人，正确堆量。

做对事就是选对一个行业，跟对人就是选择一个能正确带你走上道路的人，然后正确堆量，重复做正确的事。

做对事，决定你能不能赚到钱。

跟对人，决定你的付出是不是有回报。

正确堆量，决定你副业的上限。

大部分人，都止于第一步。在人群中熙熙攘攘地赚个毛毛钱。因为他们遇到的导师，自己也只能赚个毛毛钱。只有少数人找到成功导师后，才能找到人生第二曲线。

我们在前文中提到了达利欧的人生三阶段的概念：

第一个阶段，是你一个人做好工作的阶段，这是人生的 1.0；

第二个阶段，是你能够带领一群人做好工作的阶段，这是人生的 2.0；

第三个阶段，是你能够正确地指导一群人工作的阶段，这是人生的 3.0。

普通人的悲哀是他们通常都倒在了第一阶段，大部分人都忍受不了第一个阶段的漫长和无聊。尤其是现代人，他们面临各种传媒的轰炸，各种对比甚至攀比，于是很多人就心理失衡了。他们提前迈入一个对成功人士不屑一顾的时期。

然而成功人士不是天上掉下来的，即使像达利欧这样的人，也要用几十年的时间去践行成功。成功的过程就是一个"富"的过程，富的本意就是多，这个多不是金钱的多，而是信息的多，信息带宽的拓展以及处理信息能力的增强。

这注定是一个长期的过程，注定是一个缓慢的过程。

普通人是最容易急功近利的，期望一次暴涨、一次增值，就让自己的财富、社会地位有翻天覆地的变化。然而往往事与愿违，他们只能踏入一个个深坑，有的时候，是连跳几个坑。

这些人在 20 世纪 80 年代买邮票，在 90 年代买古币，在今天投资 P2P，总要赶上一两次失败的风潮。

并不是只有今天的人们才会这样。达利欧说："历史唯一的变化，就是我们改变了着装，改变了所使用的技术。但如纵观整个历史呢？基本上就是不同性格类型的人不断互动，一次次经历相同类型的事情。"

历史不会重复，但是历史会押韵，这些失败的人们，反复地踏入错误的河流。古代把逆袭成功的人叫"自拔"，这个词语非常形象，就是从泥沼里把脚拔出来，这个泥沼是什么呢？就是流俗。

梁启超评价曾国藩，说他的能力也没有什么特殊，就是一个普通人，但是一个普通人怎么会做成大事呢？就在于"其一生得力在立志，自拔于流俗"。

普通人喜欢遵从自己的人性，喜欢暴富，但往往就是这样让人反复地陷入泥沼。

而成功人士的一生，是一条J曲线，是不断缓慢累积优势的过程。

J曲线最早来自经济学，运用在人生上就是：当你做某事或学习某事时，最开始效率会缓慢上升，当跨过一个门槛之后，做事的效率会直线上升。如果以函数来表示的话，你会发现这个图形酷似字母J，所以大家称这种效应为J曲线效应。（见图4-3）

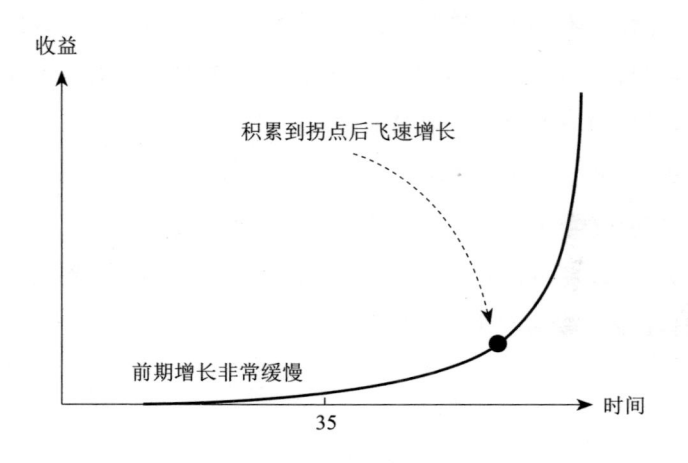

图4-3　J曲线效应

人生前20年的时间，都在J曲线的平缓上升部分，只有有了足够的积累，才会迎来爆发性增长，从这时候起，我们才开始成为英雄。

如果想成为英雄，我们要进行足够的积累。

古龙小说里的侠客大概可以分为三种：第一种叫阿飞型，第二种叫楚留香型，第三种叫李寻欢型。

所有的少年侠客都是阿飞，他们希望迅速地成名成家，希望有江湖最美的女子垂青，有江湖大佬赏识。

所有的 30 岁成名侠客都是楚留香，他们有 2 ～ 3 个亲密的战友，有胡铁花，有花满楼，能够并肩战斗解决所有的问题。

而所有侠客的最终形态都是李寻欢，江湖中已经没有我，但是江湖中到处都是我的传说。

古龙非常精准，他写的也是英雄的 1.0、2.0、3.0，这是没有办法跨越的，即使阿飞，已经有当时最快的一柄剑，亦没有办法跨越。

所以，人在 20 岁的人生 1.0 阶段，最要紧的是有一柄快剑，提升自己的专业能力，一招鲜吃遍天。

人在 30 岁的人生 2.0 阶段，最要紧的是有几个靠谱的队友，有自己的伙伴，提升自己的人脉网络，拥有连接的能力。

人生 40 岁的人生 3.0 阶段，最要紧的是有自己的武学，能够凭借自己的理解和思考，应对各种未知。

3. 生意：你应该建立的人生操作系统

> 如果想要赚钱，想要成为赢家，最重要的就是找到自己的生意，并给自己的生意赋能。

所有追求财富的人，都应该问自己一个问题：我的生意模式

第四章 规划：没有规划的人生不值得过

是什么？

很多人都说自己喜欢搞钱，想变得有钱。可是真正到了要做的时候，他们并不知道怎么搞钱，也不知道怎么去拥有财富。

这就是财富只被少数人拥有的一个原因。大部分人不知道自己的生意模式是什么，也从来没有想过这个问题，最多就是做一份工作，想升职加薪，或者搞一搞副业赚点小钱，从来没有想过创业，从来没有想做生意，或者开办企业。甚至很多人会提起警觉之心："你是不是想忽悠我创业？"我可以放心地告诉大家，不是。我完全没有忽悠你创业的意思，目前我强烈建议你不要创业。

不创业，那么赚钱的机会在哪里？为什么要思考自己的生意是什么？这就是我要给大家讲的，要把自己当成企业经营，要把自己活成一个企业。

把自己当成一个企业经营，就是去衡量你做一件事的成本是什么、收益是什么，你的风险在哪里，你的负债有多少。你用企业财务的眼光去看待你的人生、你的职业，然后决定你下一步的行动，反思你过往的行动，是赚了还是亏了。预测下一步的行动，会亏还是会赚。

什么是赚钱？就是赚钱的事多做，亏钱的事不做或者少做，很简单的道理。如果你不用做企业的角度衡量自己的人生，你就会做很多无意义、无价值的事。

我把世界上所有的生意分成四种模型，对应的也是四个社会阶层。（见图4-4）

第一，低门槛，可复制，连锁生意：农。

第二，低门槛，不可复制，工匠生意：工。

第三，高门槛，可复制，大厂生意：商。

第四，高门槛，不可复制，专家生意：士。

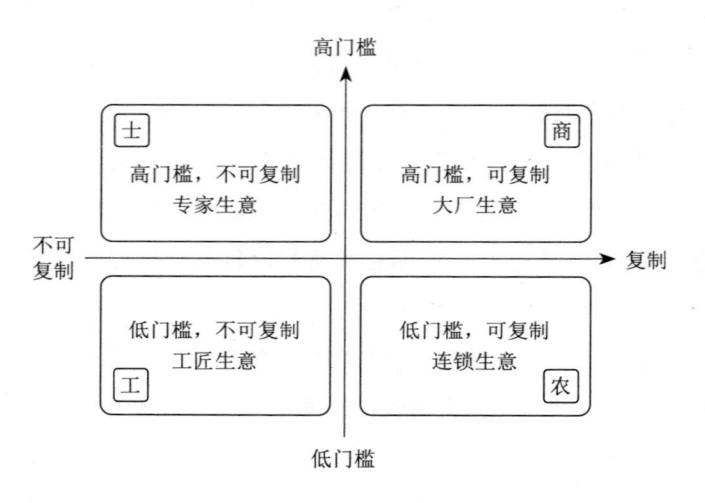

图 4-4　四种生意模式

低门槛，可复制。连锁生意是各种小餐饮加盟、服装专卖店等，还有一些低端的工厂，比如砖瓦厂、钢结构、地方的小工厂，他们没有技术门槛，通常也没有大品牌，这种生意如果能创造一个加盟的模式，比如奶茶加盟的上游、黄焖鸡米饭的上游，都是这种低门槛可复制的模式。

低门槛，不可复制，这是工匠生意。大多数普通人，朝九晚五也好，996 也好，都是在做这个生意。从年薪几万元到年薪几十万元，比如程序员一年能拿 30 万元，文员一年 10 万元，都是这个级别。只要你还停留在员工阶段，不是领导，你没有办法复制另一个自己为你工作,你就是工匠生意。还有路边卖煎饼果子、葱油饼,特色的小餐馆,也属于工匠生意。我们经常听说,某某白领辞职了去卖煎饼果子一年赚几百万;或者某个手艺好的大爷大妈,做火烧成为当地的传奇,一个月赚 30 万元,这些基本都是忽悠人的。大多数这样的生意,地段好 + 有秘方 + 客源好,上限也就一年赚一百万元,多了就不行了,因为不能复制。

在电影《泰囧》中,王宝做葱油饼,一个葱油饼赚 1.5 元,一天卖 800 个。徐朗立刻说:"如果把秘方交给他,全国开 5000 家加盟店,加盟费每年能赚 3 亿元!"

王宝说:"我的秘方就是必须我自己做。"

徐朗立刻就不感兴趣了,因为这种生意不可复制,所以没有任何投资价值。

没有赚过钱的人,对赚钱的认知,经常就是这种小生意。某某地方的煎饼果子非常火爆,某某店两口子做的热干面太好吃了,他们看到生意兴隆,理所当然地认为这种小生意很赚钱,其实不是。生意只要不能复制,就赚不了大钱。

中国古代把天下百姓分为四种:士农工商。今天我们用士农工商来划分人的阶层已经不科学,如果我们按生意模式来区分,做低门槛可复制生意的人就是农,做低门槛不可复制生意的人就是工。

我们先不说第三种,先说第四种。高门槛,不可复制,是专家生意。很典型的就是商业咨询、律师、医生、各种专业顾问、企业高管，还有游戏主播以及演艺界的脱口秀演员、综艺明星等等，统统都是专家生意。这种生意门槛比较高，并不是说你有了执业资格，进入这个行业就行，你还需要较高的技术水平，这就是专业的技术壁垒。但是专业的技术壁垒是一把双刃剑，给专家带来不菲收入的同时，也带来了无法复制的结果。要复制另一个专家，需要十几年的积累。所以专家生意的上限也很明显，我自己做过研究，把它叫作千万定律。就是专家生意，累死累活，无论怎么扩大，上限就是一年赚1000万元。不能再高了，因为他无法制造一个分身。

最后我们来说第三种大厂生意，高门槛，可复制，也是最赚钱的生意。他的特点就是把高门槛的工作，通过资本运作，变成可复制、可商业化的运营。比如游戏主播是专家生意，但是游戏直播的自媒体平台是大厂生意。律师是专家生意，但是创立律师事务所就变成了公司生意、大厂生意。大厂生意的规模上限最高。

全世界的所有工作，本质上都离不开这四种生意。但是我要提醒所有人，必须清醒认识到，大多数人上来就做第三种大厂生意，是不现实的。我们比较现实的方法是做第一种和第四种生意，尽量不要做第二种生意，第二种生意的上限太低了。

我们也要清楚地知道，如果想要赚钱、想要成为赢家，最重要的就是找到自己的生意。找到自己的生意还不行，还要给自己的生意赋能。赋能的方式有两种，一种是"高筑墙"，给生意加高门槛；一种是可复制，即使是最烂的生意、最没有技术门槛的生意，只要复制得足够多，就能赚到钱。

我想请大家思考一下：第一种生意和第四种生意哪种好？一

般大家都以为是第四种好，高大上、体面，结交的也是非富即贵。实际上，第四种生意不如第一种。所有的生意，必须要可复制，才能让财富滚雪球式的增长。所以一个土老板、一个中等企业家，搭建好自己的商业体系以后就轻松了，他能有时间陪家人，有时间娱乐休闲。而做第四种专家生意的人不可以休息，只能不停地工作，把自己的时间和智力压榨到极致。这两个圈子我都待过。

所以，生意最重要的是什么？是要可复制。你能把自己复制出去，才能变现赚钱。从2018年开始，我一直在全国跑，因为那时候刚刚有了点名气，很多企业也对新媒体感兴趣，于是请我做演讲，一次几万元这样。我跑了很多地方，然后发现成本太高了，而且太累了。我要把大量的时间用在交通出行和会见各种人上，而且不能复制，或者说复制场景非常有限。线下一个讲座能坐200人就需要一个很大的会场，还需要一系列流程，包括人员的管理等。想复制几万份，也没有这么大的会场。所以我决定了，一定要做线上。

所有想要财务自由的人，都必须重新审视自己的工作，用做企业的角度来思考自己的工作，到底是什么样的生意模式。

所以你一定要思考三个问题：

第一，把自己当企业经营，越早把自己当企业来看越好。

第二，你的生意是什么？

第三，如果把你的工作当成生意，它属于哪种模式？第一种和第四种，你结合自己条件选一种，千万不要再做第二种了，赚钱也只能温饱。

4. 杠杆：让你的财富滚雪球的三种杠杆

> 人和人没有那么大的区别，富人和穷人本质的区别是：富人善于利用杠杆，而穷人没有利用杠杆。不利用杠杆的人，可能就没有办法致富。

| 三种杠杆 |

我们讲过了四种商业模式，真正决定一个人财务上限的，是复制。无论是卖烧饼还是卖黄焖鸡米饭，卖心理咨询还是卖奢侈品，最终决定财富增长的，并不是你的产品有多贵，而是你能够复制多少份出去。

专家生意听起来高大上，但是一个专业人士，并不见得有一个卖淘宝爆款网红拖鞋的人赚钱多，如果他想赚得更多，想让财富增长更快，必须让自己的产品能更多地复制出去。不然的话，他跟《泰囧》里卖葱油饼的王宝没有区别。

这个社会上的大部分专业人士，他们的财富获得能力，瓶颈就在复制能力上。

这个世界不缺少优质的产品，也不缺乏优质的人才，缺乏的是复制能力。而这种复制能力，我们称之为杠杆。

什么是产品？是被人们使用和消费，并能满足人们某种需求的任何东西。

每个人都是一个产品，要以这种观念来审视自己的工作。能够拿到更高薪水的人，通常是因为他有更高的利差。

但是光有利差还不行，我们还需要把利差用杠杆不断复制。

世界上的杠杆有且只有三种。第一种杠杆叫领导力杠杆，或者叫劳动力杠杆，就是通过领导别人让别人给你打工，通过别人的劳动为你复制利差。领导一个人，就能多复制一份；领导十万人，就能复制十万份。

第二种杠杆叫资本杠杆，也是过去两三百年最常见的杠杆。通过资本和金融增殖，来实现财富的增长。我们总说"资本"，资本家为什么有钱？因为可以利用资本杠杆，复制利差。你在银行存款利率是2%，你买房贷款利息却要5%，银行通过千万个你，反复复制这个过程，就可以盈利。

第三种杠杆叫知识杠杆或者影响力杠杆。确切地说，就是通过复制边际成本为零的产品、书籍、电影、代码程序、音乐制品，卖给更多的人。为什么说复制边际成本为零？因为这些产品最难的是创造产品的过程，真正创造出来以后，只需要复印、复制、粘贴进行传播。歌手在鸟巢开演唱会，有上万人现场观看，再把现场通过电视直播，光碟等多种形式进行售卖，就有几十万甚至几百万人购买，歌手就相当于把自己复制了几百万份。

明星演一部网剧有几千万的观看量，相当于复制了几千万份。所以有人说"戏子成名天下知"。

这三种杠杆，对应的也是世界权力的三大基础：暴力、金钱、和知识。

人和人没有那么大的区别，这世界本质上没有富人和穷人之分，只有利用了杠杆的人和没有利用杠杆的人。

不利用杠杆的人，可能就没有办法致富。

为什么在财务自由这件事上，聪明和勤奋都没有用？因为只要一个人还在利用自己的劳动时间来赚钱，相较于那些利用杠杆把自己的利差复制几千份、几万份的人，他永远无法胜过他们。

你可以利用哪种杠杆

我们已经知道了，要想变成富人，必须学会利用杠杆，那么到底利用哪种杠杆？

第一种杠杆是最古老的杠杆，也是最暴利的杠杆，这种杠杆叫政治，也叫权力，拥有权力的人大概率不会贫穷，但是这种杠杆并不那么容易拥有。

大多数政府首脑、社会组织的领导者，其实都是在通过领导力杠杆，完成自己的价值升值。

获取更高的权力和更高的地位，是所有社会的共同准则。这也导致了权力非常稀缺，能够拥有权力的人，在任何社会都是非常少的。而且，即使拥有了权力，掌握了领导力杠杆，你也并不一定能如你所愿地完成复制。

各位读者不妨扪心自问，谁工作的时候没有摸过鱼？谁工作的时候没有干过阳奉阴违的事儿？领导力杠杆的最大问题，就是效率太低了，但凡干过管理工作的人都知道，一个命令传达下去，下属能够领会多少，又能够执行多少，都是未知数。

管理他人是非常难的一件事，很多人其实并不会管理，即使

第四章 规划：没有规划的人生不值得过

是彼得·德鲁克（Peter F.Drucker）提到的所谓卓有成效的管理者，都有一个困境——能够直接管理的人数非常少，上限最高是150人，超出这个数字后影响力微乎其微。这就是为什么人类的所有组织，上限几乎都是100～150人。比如军队的基本作战单位是一个连队，一个连队通常是120人左右。

领导力杠杆，不仅必须忍受低效，而且经常引起反噬，尤其在现代社会，每一个个体的自主意识都在增强，人们也越来越难以管理。利用领导力杠杆，并不是一个高效和明智的选择，不过这并不代表我们要拒绝使用这种杠杆，而是在通往财务自由的道路上，我们一定要清醒地认识到领导力杠杆有明显天花板。当我们的领导力达到一定程度以后，边际效应是逐渐递减的，这时候再耗费巨大资源投入这个游戏，常常是事倍功半。

第二种，资本杠杆，是最接近财富的杠杆。因为无论是领导力还是影响力，最终都要通过转换才能变成财富，而资本杠杆不同，它带来的就是财富本身。

这也就是为什么很多企业都想做金融。

让财富增长最快的方式就是利用资本杠杆，大多数人最常用的资本杠杆就是房贷，通常普通人的第一次财务大飞跃就来自贷款买房，等于是利用未来的钱购入资产。

但是这种杠杆也有弊端，要想使用资本杠杆，它的准入门槛已经让大多数人与之绝缘，所有能够用资本的方式快速增殖的方法，通常都意味着高风险。限制大多数人使用资本杠杆的是负债能力和抵御风险的能力。

第三种，知识杠杆，是人类社会最晚出现的杠杆，也是普通人能用到的最好的杠杆。这里的知识并不是通常所谓的知识,确切地说是由知识产生的影响力。

知识的真正含义是:所有可以被市场接受,能够被影响力所复制的知识商品、唱片、舞台表演、付费课程、软件程序等,以及所有几乎能以零成本复制的信息产品。

如果你拥有核心资产,可以像原料出口国一样,源源不断地赚钱,这就是所谓的老钱,只有少数人运气好,拥有这种资产。大多数人应该去掌握知识杠杆,拥有知识杠杆相当于拥有一个永动力的印钞机。

学到老,活到老,应该是我们一生的信念。

5. 升维:多赚 10 倍才能解决问题

> 多赚 1 倍是数量的累积,多赚 10 倍才是质的飞跃。

我上中学的时候,班主任是一名特级教师,且是我们城市唯一的特级教师,我最爱听她的物理课。不只是在学习上,我在生活上也非常信任她,有了问题也会找她请教。当时我是班上成绩最好的学生,因此几乎所有知识竞赛,都理所当然地落在我的头上,我不胜其烦,因为担心影响中考,上不了重点高中,也觉得很多竞赛毫无意义。

于是我就把我的苦恼告诉了班主任,她当时讲了一段让我震

第四章 规划：没有规划的人生不值得过

惊的话，她说："在我们这个小城市，其实是没有多少机会的，所以当你有资格参与的时候，别管是什么机会，你都要参加，而且要做到比其他人都优秀很多。有些事，仅仅优秀是不够的，你要比别人优秀 10 倍。至于中考和重点高中，那不是你应该担心的问题。当你在所有竞赛中，比那些最优秀的孩子都优秀 10 倍，你还需要担心什么重点高中？"

她的话给我打开了一个新世界，她让我知道，我不仅要去追逐优秀，而且要做 10 倍优秀的人，我可以做睥睨群丘的高山，不要仅仅满足于做一个小土包。

从那时候起，我开始把一次次竞赛看作一次次挑战。有时候竞赛为了增加比赛的激烈程度，到了最后一道大题，总会有一个环节，可以选择保守地正常答题，拿到正常的得分，也可以选择激进的问题，可以得到 3 倍的得分，如果答错，也要扣掉 3 倍的分数。

每当我面临这种选择的时候，我都会选择最高难度，即使有几次失手错过冠军。

因为我始终记得老师的话，仅仅优秀是不够的，我的目的不是带一个奖杯给学校，我来比赛的目的是要知道最高的难度在哪里。我的极限在哪里？我要的是 10 倍的冠军。

所有当时参赛的学生和老师都记住了我——只要最高难度的学生。

后来，省里组织了一次知识竞赛，我理所当然地被推荐参加。到省里比赛才发现，与我一同参赛的都是高中生，只有我是初中生。但是我根本不怯场，最后依然拿到了最高奖项特等奖，比所有参赛的高中生都要好。

那时候我明白了一个道理，当别人夸奖你做得很好时，你别当真，你可以更好，你可以做到 10 倍的好。

多赚 10 倍才能拿到预期结果

在优秀和拿到预期结果之间，还有相当一段距离。那些劝我们做到足够优秀就好的人，其实就是在建议我们满足于平庸的现状，他们自己也是这样做的。他们所谓的足够优秀，只是比他们优秀一点，而比他们优秀一点，其实已经让他们坐立不安了。他们为了心理平衡，而劝你不要去尽全力，安于现状，变得跟他们一样不思进取。在他们看来这才是事情的常态，是大多数人的选择。

这没有错。但是真相是：大多数人都没有拿到预期结果，大多数人也都满足于平庸的生活，做一个庸人，在互相吹捧中，做一个别人嘴里的优秀的人，而不是一个拿到预期结果的人。拿到预期结果的人，通常在大众眼里是一个偏执狂、变态、异类，他们竭尽全力去拿到预期结果，集中所有资源去实现更大的成功，这就是他们能拿到结果的原因。

这些人从一开始，就想多赚 10 倍，而不是比别人高出 1 分、10 分或者 10%。

当你的目标仅仅是比别人优秀一点的时候，你可能跟其他人一样平庸。因为从过程到结果，总会出现偏差，我们要考虑在努力过程中的损耗，即使制订再周密的计划，结果跟预期也一定是

第四章 规划：没有规划的人生不值得过

有偏差的，人生不如意十之八九，才是人生常态。我们大多数人拿到的结果，往往是不如预期的，所以我们在开始做事之前，就要把预期调高。

这就是《论语》的观点：取乎其上，得乎其中；取乎其中，得乎其下；取乎其下，则无所得矣。

只有追求多赚10倍，你才能得到理想的结果，才能避免庸人主义。

多赚10倍更接近问题本质

任何一个行业，能够赚钱多的人，都是更精准地把握了事情的本质。

如果你是一个水果店店主，苹果的市场价是7元一斤，你能卖到8元一斤，已经非常厉害，即使你使出浑身解数，也顶多卖出比同行高出一倍的价格——14元一斤。如果你想把同样的苹果卖到70元一斤，你就不能只是卖水果了，需要增加苹果的附加值，让用户觉得苹果值这个价格。

能够多赚10倍的人，能够在一个行业做到头部的企业，能够比别人优秀10倍的人，都是因为他们已经升级到另一个维度了。

如果你想把一瓶价值1元的矿泉水，卖到几十元的价格，你要怎么做？你需要讲故事，比如依云品牌的高端饮用水，就讲了一个传说："1789年夏天，一个法国贵族不幸患上了肾结石，喝了当地的山泉水后痊愈了，随后人们蜂拥而至，都想亲身感受依云水的神奇作用，连拿破仑三世也慕名而来，喜欢上了这神奇之水。"

依云卖的都不是矿泉水，开始卖的是健康，后来卖的是身份。卖水，你只能卖几元一瓶，卖健康，卖身份，你才可以卖到几十元一瓶。

如果你想把水卖到 100 元的价格，最简单的方法是把水放到沙漠，这个时候你卖的是稀缺，卖的是生命。

多赚 10 倍，多赚百倍，最简单的方法，是找到用户心智的沙漠，然后把你的产品和这片沙漠对接。

在沙漠中，把水卖到 100 元并不难，甚至比在闹市中卖水更容易。

任何多赚 10 倍、多赚百倍的生意，都是从另一个维度把握了问题的本质。所以多赚 10 倍并不见得比多赚 1 倍更困难，有时候甚至比多赚 1 倍更容易。因为多赚 10 倍的人，往往是抓住了问题的本质，从另一个维度来审视问题本身。

事物的发展往往不是线性的，不是数量的累加，而是到了一定阶段，从数量的增加变成了质量的飞跃，也就是从量变到质变。

假如你的月薪是 1 万元，你想做到月薪 10 万元，并不是说你找 10 份一样的工作，然后打 10 份工。

你的生意只能做到 100 万元，并不是说你做 10 个这样的生意，就可以收入千万。

所以，到了一定阶段，简单地追求数量的增长已经没有任何价值。关键时刻，我们需要的是质的飞跃，是进化。**人类历史上，唯一被验证过的成功学是进化论，进化论是唯一靠谱的成功学。**

多赚 1 倍是数量的累积，多赚 10 倍才是质的飞跃。

多赚 10 倍你才会选择关键一跃

谷爱凌在 2022 年冬奥会上自由式滑雪大跳台决赛中，最后一跳选择了向左偏轴转体 1620 度加安全抓板，这是一个完全超纲的动作。因为前两跳的出色发挥，她最后一跳只要保守一点就可以稳稳登上领奖台。

她在赛前打电话给妈妈，询问妈妈对最后一跳的建议，她妈妈的建议是保守一点，完成 1440 度难度的动作拿一个银牌，但是她最终选择了 1620 度超高难度的动作冲刺金牌，结果挑战成功。

尽管对她来说母亲是非常重要的人，但是在最后时刻，她还是选择了关键一跃，挑战自己的极限。这也是那些最终拿到预期结果的人，都会做出的选择。所有超级成功的人，都有一个共性，他们在关键时刻，会选择高危动作。因为他们很清楚，高风险带来高收益，这就是所谓的艺高人胆大。他们很清楚，即使自己做好了所有的准备，在某些关键时刻，还是会面临巨大风险和挑战，此时可以回归自己的舒适区，也可以勇敢接受挑战，选择关键一跃。这往往就是庸人和成功者的分野。

能够取得成功的人，某种意义上都是危险动物，他们倾向于冒险，倾向于取得更大的成功。

第五章

选择
决策才是顶级智商

第五章　选择：决策才是顶级智商

1. 判断：判断力为什么是顶级能力

> 认知能力越高的人，对世界的理解就越是灰度，即不黑不白的。

《战国策·魏策二》记载了一个故事，魏国有个大臣叫庞葱，很得魏王宠信，魏国当时要把太子送到赵国首都邯郸做人质。

跟随太子出发之前，庞葱跟魏王说："如果有一个人跑到您面前说街市上现在有老虎，您信吗？"

魏王说："我不信。"

庞葱又问："如果是两个人说呢？"

魏王说："我会有点怀疑。"

庞葱说："如果三个人说呢？"

魏王说:"我会相信。"

庞葱说:"街市上肯定不会出现老虎的,但是三个人说了,大王就信了。邯郸和王宫的距离比街市更远,议论我的人也远比三人多,希望大王到时候能够明察。"

魏王说:"我记住了,到时候绝对不会听信谗言。"

庞葱走后就谗言不断,刚开始时,魏王还会为庞葱辩解,后来诬陷的人多了魏王竟然信以为真。庞葱随太子回国后,果然未能再见到魏王。

这就是三人成虎的故事,说的是谣言的可怕。

魏王之所以做出了错误判断,是因为他获取的信息不完整。

在生活中、职场中,都会碰到大大小小的问题,小到今天吃什么,大到房子买哪里,职业生涯怎么规划,跟谁结婚……很多人都会说:"我有选择困难。"

选择困难很流行,那么是不是所有人都有选择困难呢?

有人说:"根本就没有什么选择困难,选择困难的本质是穷,如果有钱,把所有东西都买下,就不会选择困难了。"

非常有道理。有钱的好处之一是丰盛,丰盛的意义不只是物质丰盛,还包括信息丰富。

你把所有的东西都买下,其实是把所有可能都买下,本质上就是获取了大量信息,而判断力的本质是信息掌握程度。

信息过剩时代的最大窘境还是信息匮乏。

在《灰度思考》书中也提到这个问题,很多聪明的人,学了很多知识,但在做决策的时候还是一塌糊涂。

作者凯文·达顿（Kevin Dutton）提出一个概念："灰度认知，黑白决策"。他认为认知能力越高的人，对世界的理解就越是灰度的，即不黑不白的。

比如，一个高水平的经济学家不会轻易做明确预测，反而是低水平的人什么都敢说。

认知的本质是什么？是获取信息的能力，认知水平低的本质就是信息不足。

尽管我们处于一个号称"信息过剩"的时代，实际上我们跟古人没有区别，我们依然是信息匮乏的。

实际上"信息过剩"是个伪概念。

古往今来，所有人面临的一个难题不是信息过剩，而是有效信息不足。

在信息洪流中，我们接触到的大部分信息，都是无效和低价值的，这就导致我们选择困难。

实际上，对于我们非常熟悉的事物，我们是不存在选择困难的，不会判断力低下，也不会决策无能。

比如：早餐吃什么，油条还是包子？这样的问题其实我们是不难抉择的。要不要吃个肠粉？没有吃过肠粉的人就会犯难了，所以决策无能的根源就在于信息不足。

著名战略家卡尔·冯·克劳塞维茨（Karl von Clausewitz）提出过一个名词——战争迷雾。

他在军事理论巨著《战争论》写道：战争是一个充满不确定性的领域，军事行动所根据的因素总有四分之三隐藏在迷雾之中，迷雾带来的不确定性或大或小。因此，就需要敏锐与明察秋毫的判断力，与经验丰富、能嗅探出真相的情报人员。

在战争中，双方掌握的信息量大致为总信息量的四分之一左右。

这时候，谁能做出正确的判断，就取决于信息量的多少。

战争迷雾甚至进入了游戏领域，在几乎所有战争类游戏中，都有战争迷雾的概念。

是的，如果地图全开，我们人人都是高手。

如果我们能够获取全部信息，我们人人都是判断力强人，决策高手。

设想一下，在一场战争中，一方地图全开，对另一方的行动、数据一目了然，那么这一方必然稳操胜券。

一切决策失误的本质都是信息不足。

所以战争和一切人类博弈的本质都是在围绕信息量进行殊死斗争。这种斗争，有时候展现的是人力，有时候展现的是科技，有时候展现的是金钱，但核心只有一个——信息量。

为了获取信息量、传递信息量，同时减少敌人的信息量，在物理层面，人们发明了望远镜、烽火台、驿站、无线电、互联网，发明了伪装、迷彩服。

每个人面对的都是信息迷雾，都是信息匮乏的状态。但是，历史上有很多人，疑似开了"天眼"，在掌握同样信息量的基础上，能做出正确的判断。

这种人的判断力从哪里来？

《孙子兵法·计篇》里有句话："夫未战而庙算胜者，得算多也，未战而庙算不胜者，得算少也；多算胜，少算不胜，而况于无算乎！"

古代兴师作战之前，通常要在庙堂里商议谋划，分析战争的利害得失，制定作战方略。这一决策程序就叫作"庙算"。

形容一个人聪明，可以说他"神机妙算"，所谓的算，就是一种判断过程。

所有明君，身边总有一两个判断力超群的天才。

比如刘邦身边有张良，运筹帷幄之中，决胜千里之外，帮他做决策；李世民身边有房玄龄和杜如晦，房玄龄善谋，杜如晦善断，帮他做决策的是杜如晦。

谋是规划能力，这也是关乎领导力的重要一环。断就是判断力，同样的信息量，做什么？怎么做？出了问题怎么应对？而我认为，断是所有领导力的核心。

身处互联网时代的我们更需要这种判断力。

互联网是一种工具，工具的发展一方面让信息极大丰富，一方面也让造谣和冗余信息的生产成本大幅度降低。

古时候，人们处于信息短缺造成的信息匮乏状态。现在互联网时代，人们面临的更多是冗余信息带来的浅层次快感，从而丧失了探索有价值信息的能力。

以前曾有人预言："互联网时代，教师的作用会大大降低。"现在看来，这个预言完全错误。在互联网时代，人们需要更多"教师"来帮助人们做判断、做筛选。

而这些有判断力、能做出筛选的人，注定会成为人群中的领袖。而这些人具有的判断力，其实就是一种在信息有限的情况下，推演全局的能力。

李德·哈特（Liddell Hart）有一本书叫《山的那一边：被俘德国将领谈二战》。他书里提到了一个案例，英国陆军元帅威灵顿公爵，也就是在滑铁卢击败拿破仑的将军，他跟年轻的英国海军部长出游，旅途中他们玩一个游戏，比赛猜测山背后的地形，威灵顿几乎每次都对，海军部长克罗克为此叹服，问他是怎么做到的？

威灵顿说了一句话："为了猜出山的那一边，我花了一辈子。"

普通人和大神最大的区别，就在于普通人最多只能看到山，大神的视野能越过大山，看到山的另一边。

这个看到，当然不是真的看到，而是在掌握极少信息的时候，可以推理得出。

成功学会告诉你，要做出正确的选择，最好的方式就是掌握足够多的信息。这当然是正确的。占有足够多的信息，这是不二法门。秦末汉初，萧何一到咸阳，立刻就去搜集秦朝的公文图籍，掌握了秦朝的大数据，所以后来刘邦和项羽争夺天下，萧何能够知道哪里人口富庶、哪里物产丰富。

但是，占据足够多的信息就够了吗？搜集、掌握足够多的信息，足够让你成为优秀的事务官。接下来你需要做出正确的判断，你的视野需要翻过那座山。

因为信息足够多是一个伪概念。现实是，信息永远不会足够多。大多数时候，当我们面对简单的问题，我们都知道怎么做对题。这就是送分题。

参加过高考的人都知道，中国的考试基本上都是一个模式：60%～70%是基础题，这就是送分题；20%左右是拓展题；15%

第五章 选择：决策才是顶级智商

左右是难题，通常就是最后那道大题。真正决定我们的差距。

那道大题就是一座山，决定了你能进什么级别的学校。在做这道大题的时候，我们会发现，信息永远是不够的。

很多人就是卡在了这一步：怎么让自己的视线翻过那座山？其实翻过那座山就是：你能够在信息模糊的情况下，做出正确的判断。这就是兵法所言的庙算：多算胜，少算不胜。

这项能力贯彻我们人生决策的始终，也是任何组织都必须具备的能力。

一般来说，世上所有的工作和事务都分为四步：调研、判断、规划、执行。对应的是四个过程：搜集信息、做出判断、规划战略、执行方案。

每个人、每个组织内部都有这样的流程。但是，决定普通人和大神、破产公司和500强的关键是什么？是搜集力、判断力、想象力和执行力的差距。

确切地说是：

（在模糊条件下）搜集（足够多）的有效信息；

（在模糊信息下）做出（足够精准）的判断；

（在模糊判断下）规划（足够优化）的战略；

（在模糊战略下）执行（足够高效）的结果。

在足够多的资源下，谁都可以做好，但是在模糊条件下，能完成流程、执行到位的，才是大神。

在看不到山的那一边时，能想象到山的另一边。

如果再加一个变量，就是时间：更快地在模糊条件下搜集信息、做出判断、规划战略、执行方案的，才是赢家。

搜集力的差距，会让人产生方向的错判，要么南辕北辙，要么缘木求鱼，一生都在错误的方向用力，或者跳入深坑而不自知。

判断力影响最大。机会如白驹过隙，稍纵即逝，如果关键时刻判断失误，一念天堂，一念地狱。

想象力决定你能否升阶。人生发财靠康波，如果你赶上了机遇，但是你的想象力不足，循规蹈矩不能快速进化，那赚10倍的机会就变成了赚2倍的机会。

执行力决定你的规划能做到多少。执行力不足，容易眼高手低。

个体崛起力 = 搜集力 × 判断力 × 想象力 × 执行力。人的崛起升阶之力，并不取决于某一方面，而是一个综合实力。成功的人很少有明显短板，他们综合实力一般不错，在综合实力不错的情况下，有1～2项特别突出。

我的一个粉丝是名牌大学硕士，非常优秀。毕业以后进入某证券公司，本来做的是制造业研究，他看了我写的一篇讲"十四五"规划解读的文章，自己找来"十四五"报告，仔细研读。研读过后，主动找上司，要求转岗成为新能源研究员。当时新能源还不是很热的方向，转岗非常容易。在2021—2022这两年，新能源产业迎来了"爆发"，他成了机构内新能源领域的权威。

这就是洞察力，会干+巧干+能干，才能抓住机遇。普通人为什么活得那么累？因为普通人大部分都在无效内卷，只能在已经杀成红海的赛道上竭力奔跑。红海之内，不要说升阶，领先别人半步都很难。

普通人只要四项能力在水准之上，与大神在能力上的差别其实并不大。真正决定两者差距的是在关键时刻的抉择和判断。

2. 战略：一生仅有一次的选择怎么做对

> 你做任何一个选择，都会遇到很多问题。你不如给自己做一次 SWOT 分析，把自己当一家公司，做一个战略分析，看看哪些问题可以解决，哪些问题是陷阱，可以规避。

| 二选一 |

有一个粉丝经过我的咨询，找到了满意的工作。

她的问题是经典的二选一，无非是在 A 工作和 B 工作之间选一个，让我拿主意。

所有的被咨询者都遇到过这种问题，无论你是做什么方面的咨询，总有二选一的问题，而所有被咨询者最痛恨的就是二选一的问题。

之所以成为二选一的问题，是因为当事人已经衡量过二者就是"难兄难弟"，总之差不多。

这种问题需要花费很大的精力去选择，但是到最后，往往会选最差的那一个。

为什么我给那个姑娘的选择，达到了一个好的效果？因为我没有给答案，我给的是一个工具。

选择工具

我的回答是：遇事不决 SWOT。

凡是选择问题，都可以做一个 SWOT 分析：优势 (Strengths)、劣势 (Weaknesses)、机会 (Opportunities)、挑战 (Threats)。

拿我自己举例，我选择做自媒体时也有过犹豫：要不要做？于是我做了一个 SWOT 分析：

● S：我自己的个人优势是什么？

（1）作为个人，我有成功的创业经验。我做过基层员工、中层管理者，还当过老板，所以我能从多维审视个人的成长和发展，这些经历让我非常适合做个人和家庭发展方向的 IP。

（2）见解非常独特。我是一个性格非常鲜明的人，在互联网上成名以前，我在小圈子里就是意见输出者，我的见解不同凡俗，会给人耳目一新的感觉。

（3）大量的阅读。从少年时代开始，我就是一个阅读者，几乎无书不读，工作后依然保持深度阅读的习惯，阅读让我有丰富的知识储备。

（4）惊人的行动力。一旦我决定做一件事情，行动力非常惊人。

（5）良好的记忆力。我能够迅速从阅读中得到最核心、最关键的内容，并迅速记住，几乎能做到过目不忘，我在思考的时候能随时检索到这些信息。

● W：我的劣势也很明显。

（1）没有媒体和写作经验。我没有媒体的从业经历，除了一些自娱自乐的文字，没有公开发表过文章。作为一名理科生，没有进行过写作训练，我的观点和思考，没有形成文字和素材，更多地停留在脑海和言语上，并没有任何留存。

（2）个性鲜明导致表达方式过于直接。我的见解有时候与大众相距甚远，我又是一个直白到让人不适的人，喜欢我风格的人，会非常喜欢我，讨厌我风格的人，会从骨子里厌恶我。

（3）性格强势，冲动、不妥协。我坚守自己认可的真理，擅长用说服和命令的方式输出自己的观点，改变别人的看法和行动。但是，过于强势的性格，会让我在坚持一些重要的观点时丝毫不妥协，而 IP 要做的事是让更多的人喜欢，我这样的行为习惯，会让自己徒劳无功。

● O：我的机会在哪里？

（1）移动互联网的发展。2018 年全球互联网用户突破 38 亿人，96% 的互联网用户拥有智能手机，移动互联网的发展是我们这个时代最重要的事件。移动互联网和传统互联网的差距在于，它有更高的曝光度和更高的随身程度，这种优势会让一些人有更多的机会展示自己，也让更多的个人有了崛起的可能。

（2）好内容的缺乏。移动社交媒体让人们获取信息更方便，无论是乘坐公共汽车还是排队买票，甚至上厕所都能获取信息。但是，在移动互联网时代，大多数信息是信息垃圾和碎片化信息，缺乏有深度的好内容，这时任何能够输出好内容的人都能崛起。

● T：我的挑战。

（1）成长类自媒体已经成为红海。对我来说，我要面临的最大挑战是，我选择的个人成长和职场内容赛道，已经有很多 IP 崛起,人们也越来越难关注新的 IP 和自媒体。

（2）起步较晚。等我开始决定做自媒体 IP 时,几个大自媒体平台的增长已经接近尾声,这意味着高速增长的红利期已经结束。

分析之后,我明白了,想要建立个人 IP,我需要解决的问题分为内外两种。

在内部,是写作技能的短板和自身个性的缺点。写作技能的短板,我认为可以通过大量的写作训练改善,后来的发展也证明了这一点。个性可以通过有意的自控,进行改善。

在外部,我面临的挑战主要就是红海的问题。我经过市场研究发现,成长类 IP 固然多,但是优质内容并不多,市场上更多的是比较传统的培训内容,更多的是让普通人的人生复杂化,并没有化繁为简的、让职场和人生升值变得更简易的内容。而在我过去的成功经验中,我擅长探询事物本质,并擅长用简洁的语言把问题说清,用简单的方式解决问题。

我完全可以通过内容和运营,来解决红海的问题。因此,我就开始做升值计这个品牌。

我想告诉你的是：你做任何一个选择,都会遇到很多问题。你不如给自己做一次 SWOT 分析,把自己当作一家公司,做一次战略分析,看看哪些问题可以解决,哪些问题是陷阱,可以规避。做完之后,相信你会对如何选择更加清晰。

| 活成一支军队 |

这个工具之所以好用,是因为它是一个普通人进行战略分析最基础工具。一旦一个人懂一点战略，可以对自己的人生进行战略分析，那么很多选择的问题就不言自明。

我一直强调：一定不要把自己当人，而是要把自己当一家公司、一支军队去思考，把自己当成一个组织机构去运营。

人是欲望的动物、情绪的奴隶、理性的杀手，很难用理性去正确对待信息。实际上，海量的信息堆在我们面前，信息越多，我们越是千头万绪，杂乱无章。

人都是贪心的，总是希望能在所有选项中找到一个最优解。选定了某一个选项，就意味着放弃了其他选项，选项越多，意味着选定之后放弃的也越多。放弃越多，越需要证明自己的选择是正确的。而随着选项的增加，这种证明就变得愈发困难，所以大多数人在做选择的时候，都会担心选择的结果和自己的预期有差距，从而犹豫不决，焦虑不堪。

此外，人性还有一个特点，就是认为错过的总是最好的，人们总是会给那些得不到的东西加上美好的滤镜，将它们视若珍宝。

这是人性使然。人生的错误，其实就是由一个个不起眼的错误选择连在一起，形成路径依赖。

只有把自己当成一个组织，活成一支军队，才能用相对理性、客观的角度去思考问题。并不是说公司、军队、组织不会犯错，历史上伟大的组织犯错的多得是。只是说，当人把自己作为一个组织的时候，必须变得客观、理性，必须要作战略分析。

前文讲过，《孙子兵法》很早就提出了一个概念——庙算。庙算就是计算于庙堂，所谓"运筹于帷幄之中，决胜于千里之外"，就是战略分析。这说明中国人很早就有战略分析的概念。而一个普通人的精英之路，需要经历一次次选择。每一次选择，都是一次考验。所以，人必须拥有自己的选择算法，才能一步步成为赢家。

赢家的路不是给所有人的，只能给少数有耐心、有头脑、有行动力的人。

3. 自在：不为掉地上的冰激凌哭泣

> 我们在做大部分决策的时候，并不是从事物实际的价值出发，大多数是从我们的心理账户出发，从我们心里对价值的评估出发。

相信很多人都听到过一句话："沉没成本不纳入重大决策。"

沉没成本是指过去已经发生的，不能由现在或将来的任何决策改变的成本。简单地说就是已经发生的不可收回的支出，例如时间、金钱、精力等。

为什么沉没成本不纳入决策？

诺贝尔经济学奖获得者、芝加哥大学教授理查德·塞勒（Richard H. Thaler）提出了"心理账户"的概念。这个概念很好地解释了为什么人们经常做出违背经济学规则的决策。我们每个人都有很多种心理账户在无形中指挥着我们的决策。

第五章　选择：决策才是顶级智商

| 心理账户的无形影响 |

比如超市里一支雪糕卖 10 元钱，现在发生了两种情况：情况一，我们买了一支雪糕还没有吃就掉地上了；情况二，我们买雪糕的时候，发现自己钱包里少了 10 元钱。同样是损失 10 元钱，如果发生了情况一，我们通常不会再去买一支雪糕；但是发生了情况二，我们正常买一支雪糕，不会有任何心理障碍。

因为情况二，我们丢失的 10 元钱跟雪糕没有任何关系。而情况一，我们认为自己已经得到了一支雪糕，因为自己的失误造成雪糕损失，所以我们理应受到惩罚，不应该再得到一支雪糕。

物质的价值，往往并不由它的实际价值决定，而是由我们的心理定价决定。

我们在做大部分决策的时候，并不是从事物实际的价值出发，大多数时候是从我们的心理账户出发，从我们心里对价值的评估出发。

假设 A 情形发生：你是周杰伦的歌迷，花了 2000 元买了一张演唱会门票。在演唱会开演前一天，你发现门票找不到了。你是否会再花 2000 元钱买一张同样的门票？

假设 B 情形发生：你路过售票厅，发现周杰伦演唱会正在出售门票。你决定花 2000 元买。当你想掏钱买票时，发现自己的钱包不见了，里边大约有 2000 元现金。在这种情况下，你是否会使用其他支付方式（手机扫码）去购买一张演唱会门票？

对于上面的两种情形，很多经济学者和心理学者都做过调查问卷，得到的回答大同小异：绝大部分人，在 A 情形下不会再花钱去买门票，而在 B 情形下则还是会选择花钱购买门票。

原因在于：大部分人不愿意花两倍的钱去购买同一张门票。在他们看来，自己已经花钱买了门票，如果这张门票丢了，那么自己只能自认倒霉，理应受到"惩罚"，如果再花钱去买一张同样的门票，这显然有些太过浪费了。

但是在 B 情形下，购买门票和钱包被盗是完全不相关的两件事情。事实上，如果钱包被盗，人们通常可能更需要去看一场演唱会来慰藉自己受伤的心灵。

大多数商家就很好地利用了人们这个心理。比如用信用卡支付、用支付宝花呗支付和用现金支付，这三者同样是花钱，即使是花同样的钱，在心理账户上也是截然不同的。用现金的时候，大多数人都会比较克制，因为我们能够真切地感受到金钱的损失；而当使用信用卡的时候，我们会不自觉地花超了，因为钱在信用卡上只是一个数字，而且是一个看不见的数字。当使用花呗网购的时候，我们的支付会更方便，也会更容易完成消费决策。实际上，当我们在支付时，动作越少，我们的消费就越不理性。在我们的心理账户中，现金和信用卡，属于不同的心理账户。

有个男生追求女神付出了很多，这时候你劝男生放手，他肯定不同意。因为他已经付出了很多沉没成本，这些沉没成本已经计入了他的心理账户。在外人看来，他的女神只是一个长得有点漂亮的女生，但是在他看来却是宝贝，他的沉没成本让女神变成了一个更珍贵、更高价值的宝贝。这就是心理账户产生的幻觉，其实并不是女神有多好，是沉没成本让她变得更好。

因为心理账户的存在，我们在任何时候做的任何决策，都不免受到心理账户的影响。这种心理账户，本质上是一种认知幻觉，很多时候与经济学相悖。如果想让我们做出正确的决策，我们应该尽量利用好心理账户。

在投资中，我们最常见的错误是：投资损失时带来的"损失感"要比得到同等数量金钱带来的"愉悦感"强烈得多，因而也直接导致了人们在面临损失时，会不顾后果地选择冒进的投资方式，以弥补既成的损失。这当然是一种错误的投资心理，比如面对女神，越是前期付出太多，越是会激进地投入更多，加倍地对对方好，以求迅速得到爱情的果实，但是往往事与愿违。

心理账户让我们做重大决策时，无论是婚姻、职场、求学乃至投资，都会存在一定的失真。怎样让我们的决策和判断精准？我们应该尽量让自己的心理账户健康。心理账户越健康，我们就越容易处在一种自在的状态，判断就会越精准。

一定要保持心理账户的充盈

我们在决策之前，要给自己留下足够多的冗余，即容错空间。我们应该明白一件事：任何时候，任何事情，都有失败的可能，好运并不总是眷顾我们。所以，我们必须留出足够的容错空间。

中国有句话:"财不入急门。"越是缺钱着急赚钱的人,越容易决策失误;越是富有的人,反而越容易做出正确、理性的决策。不留余地、过度透支账户的结果,往往是遭遇惨痛的失败。充裕的资金和充盈的心理账户,会让你建立足够的安全边际,避免失败。

稻盛和夫在创立京瓷公司之后,在银行建立了一个账户,确保京瓷公司在"没有任何收益来源,我们也支付得起员工一年的工资"。这就是稻盛和夫为自己建造的容错空间,这让他在做决策时更加从容。

成功的关键是成为一个长期主义者。为什么大多数人无法成为一个长期主义者?因为他们并没有足够的钱保障自己的安全。**没有安全感的人,比一般人更厌恶损失**。我在刚工作的时候,也进行过股票投资。虽然我选择的股票是好的,预测也是正确的,但是我也无法赚到钱。因为我的存款少,所以当我看到股票账户上有任何亏损的时候就会紧张,只能卖出。一旦卖出后造成损失,我又迫不及待买入新的股票,希望弥补损失,结果就是我一直在频繁地买入卖出,亏多赚少。所以,我们一定要在决策前,保证自己有坚实的经济基础,给自己足够的容错空间。

此外,我们一定要提前建立一些心理账户,尤其是在不重要的开支上。比如,开车难免会产生交通罚款。此时我们会非常懊恼。如果我们每年都拿出 2000 元钱,建立一个交通罚单账户,那么当偶然被罚款的时候,我们就不会那么生气。这种类似交通罚单的心理账户,能减少我们的情绪消耗,让我们把精力放到决策等重要的项目上。

第五章　选择：决策才是顶级智商

| 整体核算损失 |

我们要把所有心理账户的损失放在一起核算。比如，我们的钱包被盗属于紧急事故，我们买门票、买雪糕属于享乐支出。我们要把这些损失都放在一起，进行整体核算，评估我们自己的财务风险，或者说我们的资产状况，以决定我们是否要再买一支雪糕、一张门票。同样，追求女神要整体核算成本，包括情绪的支出、经济的支出等，从而全面地评估自己在这段感情上的损失。

| 不要为打翻的牛奶哭泣，不吃后悔药 |

我们经常说一句话："世上没有后悔药。"世上为什么没有后悔药？因为后悔只会导致我们的沉没成本进一步增加。后悔的本质是什么？**后悔的本质是对一种可能性的过度执着。**有一个有趣的气球打气实验：实验者给气球打气——打的气越多，获得的奖励越多，但如果气球爆炸，则会什么都没有。而每次给气球的极限打气量都不同。

大多数被试者在把气球打爆炸以后，都会表示后悔："如果当时少打一些，我能赢更多。"

现实中的每个人在做决策前后，都像是在给气球打气，希望自己尽可能多打气，以取得最佳的结果，气球爆炸之后又追悔莫及，认为自己可以避免这种不幸。

实际上，后悔药这种东西并不存在，你在把气球打爆以前，不会知道气球的最大限度在哪里，而每一次打爆气球都会让人更容易判断失误。决策时我们要明白两件事：第一，之前的错误与现在的决策没有关系。第二，你无法靠当下的选择来弥补之前的错误。

不要纠正之前的错误。沉没成本导致人们在不被看好的事情上浪费太多的时间，例如不幸福的婚姻，没有希望的项目。所以你遇到这种重大的决策、重大的人生问题时，不要考虑之前的沉没成本，要向前看。

对抗后悔最有效的方式是：做事之前要认真地评估，做事之后要认真地复盘。

在做产生长远影响决策时，你要对当下的选择，做足够的功课，并进行小规模的体验。**我们要随时随地保持心理账户的充盈，才能做出正确决策。人只有在非常有安全感、非常自在的情况下，才能随时保持理性。**

4. 策略：赢继续，输就变

> 人们往往高估了自己在短期内能完成的事情，同时也低估了自己长期积累的效果。

世界上唯一靠谱的成功学是进化论，进化论是真正长期主义的选择。生物做出的每一次适应趋势的进化，可能在几千万年或者几亿年前就已经开始了，对于进化论而言，你的成功在几亿年

第五章 选择：决策才是顶级智商

前就已经奠定了。

无论是投资还是人生，我们在短周期内往往无法精准做出正确决策，即使在已经有了参照物和同类案例的情况下，我们依然无法做到准确的决策。为什么我们无法从别人的失败中汲取经验？就连黑格尔都曾吐槽："人类从历史中学到的唯一教训，就是没有从历史中吸取到任何教训。"

很多人都有过这样的经历：明明前人已有失败的教训，但自己无法汲取，只有等到自己经历了，或者说自己已经失败了，才会恍然大悟。黑格尔从哲学的角度告诉我们，历史会不断地重演，这正是人类的共性。

为什么会这样？归根结底是智商不够，心智不足。

别人的经验和教训都是信息，你需要具备信息处理的能力。确认哪些信息是真实的，哪些信息是虚假的。许多伟大的人物在做决策的时候，都有可能重走别人弯路。为什么你会重走别人的弯路？因为你们是同一认知水平的人。

怎么改变这个现状？哈佛大学教授马丁·诺瓦克（Martin A. Nowak）经过无数次计算机模拟得出一个博弈策略：赢继续，输就变。

摸着石头过河

"赢了就继续，输了就变"听起来非常的简单。你不用观察别人的策略，只需要观察自己的得失，简洁到人人无师自通。

将这句话用到我们的人生策略上，就是模仿，像素级复刻成功者的经验。别人是如何成功的,你学习他的方法,即便是想象出来的成功经验也是有用的。注意,这种复刻、模仿,必须是像素级的。在你的所有社交圈中,找到最成功的那一个人,像素级复制他所做的一切事,一直模仿,直到你输的那一刻为止。

不要过于依赖自己的独立思考——你所有的独立思考,在你之前可能已经有千千万万的人尝试过、思考过。那么,为什么这些尝试、这些思考、这些策略没有形成新的路径?答案可能是:这些人全部失败了。

你一定要相信,这个世界上有很多聪明人。你所有想过的方法、策略,所有想走的路径,可能已经被其他聪明人尝试过了。敢于尝试是一种很好的品质,是作为群体最优的策略。如果一个群体"敢为天下先",那么这个群体是最容易生存的。但是对于个体而言,"不敢为天下先",像素级的复刻,才是最佳的生存策略。

| 把红利吃到底 |

人总是高估自己的能力。有个著名的笑话是这样的:三个人一起坐电梯到十八楼,其中 A 在电梯里原地跑步,B 在电梯里不停做俯卧撑,C 则不断用头撞墙。到了十八楼后,记者采访他们:"你们是怎么达到这么高的楼层的?" A 说:"很简单啊,你原地跑步就好了。" B 说:"不行不行,你得做俯卧撑。" C 说:"你们都不对,想到十八层,你们得用头不停撞墙。"

三个人都觉得自己的方法是对的,可是他们都忽略了最关键的因素——电梯。这就是很多人赚钱的真相——踩中了时代的红利，踩中了一次风口。如果换一个时代、换一个赛道，他们所谓的成功经验，大概率是不能复制的。任何一个风口都有周期：有起点，有上升，有高潮，也有衰退和低谷。但是，只要风口还在，红利还在，就可以赢利。就像吃鱼一样，有人能从头吃到尾，有人来晚了发现鱼头已经没有了，有人甚至只赶上一个鱼尾巴，但是，只要还有鱼，就可以继续享受这个红利。

对于大多数普通人而言，一生中能赶上的风口只有一到两次，而且常常是来晚了，鱼肉已经被吃完了，只能啃啃骨头，甚至只能喝喝汤了。没有关系，来晚了当然会错过很多机会，但是晚有晚的好处，就是可以摸着石头过河，拥有后发优势，在成熟的模式下，把红利"吃到底"。

一个人在起步阶段，尤其是在积累第一桶金的阶段，是没有权力挑选风口的，只能是时代给予你什么，你就接受什么，然后把属于你的红利充分挖掘，吃到底。只要还在赢，你就可以继续保持下去，积累自己的资金和经验。

认知致富

即使当一个时代的风口过去，经验也依然是可以迁移的，这就是"人生只需富一次"的道理。

马化腾从QQ起家，做即时通讯软件，在移动互联网时代，用微信迅速抢占了市场，腾讯依旧是移动互联网社交龙头。1991年，巨人集团资本超过一亿元，迎来了第一个事业高峰。其后1994年，软件事业陷入困境，转而投资保健品，1997年出现债务危机，巨人集团名存实亡，又于2000年打造脑白金再度创业获得巨大成功，不但还清了债务，还积累了巨额的财富。归根结底，无论是脑黄金还是脑白金，他成功的核心是他鬼才般的营销能力。杜国楹先后营销过背背佳、好记星、E人E本、8848手机、小罐茶，每一款产品都是爆款，其核心能力是对特定人群需求的精准把握和强大的营销能力。

这些成功人士，表面上涉及不同的产品领域，实际上他们的核心能力和体系是不变的，换一个产品，他们仍然可以用以前的能力和体系复制成功。他们还是在做相同的事。

财富是可以迁徙的，因为人的经验是可以迁徙的。人的经验是怎么来的？往往是在一个领域深耕细作积累的结果。成功过的人，更容易再次成功；有钱的人，更容易再次有钱。许多成功人士表面是在突破创新，其实都是在不断复刻自己曾经成功的经验，把自己的经验修修补补，拿来继续应用。

世界上存在两种创新：一种叫颠覆式创新，另一种叫渐进式创新。颠覆式创新也叫破坏性创新，这种创新往往会颠覆整个行业和市场，伴随着极高的风险和爆炸性的利润。我们在致富的过程中，不必完成颠覆性创新，只要做到渐进式创新，不断迭代自己的认知和经验，积累自己的财富，就能保持自己的优势。

在同一个风口中，认知更高、经验更丰富的企业和个体，往往拥有更多的优势，也能继续玩下去。赢继续，输就变。因此，只要还在赢，就没有必要改弦更张，反复调整自己的策略。

5. 识人：看懂一个人就是看懂一个人的欲望

> 多数人做事不能成功，其实就是不能搞定关键人，同时又跟有害的人在一起太久。而不能搞定关键人，不能远离有害的人，原因就是看不透别人的欲望，自己的欲望却写在脸上。

巴菲特的终生挚友查理·芒格，在一次股东大会曾经这样解释价值投资："所谓价值投资，其实很简单，避开有害的人和有害的活动，活到老学到老，并做很多延迟满足的事情……如果你做了所有这些事情，你几乎肯定会成功。如果你没有这样做，你将需要很多运气（才能成功）。"

芒格其实说了两点：第一个是远离有害的人和活动；第二个是活到老学到老，延迟满足。远离有害的人和活动是向外筛选外部环境，延迟满足、终生学习是向内提升内在修养。在向外层面，芒格认为远离有害的人和活动就足够了。

芒格用一生的经验告诉我们一个道理：一定要远离有害的人。识别并远离有害的人，识别并亲近有价值的人，才是价值投资的精髓。

很多年轻人都不缺乏远大志向和自律，也有终生学习的目标，但是这样还不够，他们还必须拥有足够的智慧去规避有害的人和活动，这就需要他们有分辨能力和识别能力。

南唐灭国时，李煜出城投降，宋军主帅曹彬让李煜回宫打点行装，次日来船上报到。曹彬仅派了几个骑兵守在宫门外，副将潘美担心李煜自杀，曹彬只是笑，并不言语。

　　潘美再三劝告，曹彬说："李煜是没有主见的人，他都已经投降了，怎么还会自杀呢？"

　　潘美追问："万一李煜这么干了，谁来负责？"

　　曹彬这才说出原因：李煜到船上去喝茶，需要通过一段独木桥，曹彬和他的副将潘美先上去了，李煜却转来转去不敢上，怕掉到河里去。后来曹彬派了两个人搀着他才登上了船。所以曹彬说："李煜连独木桥都不敢上，他这么怕死，怎么可能自杀呢？"

曹彬一眼就看出南唐后主李煜强烈的求生欲，读懂了他的欲望，也读懂了这个人。任何一个人都有欲望，读懂一个人其实非常简单，就是看穿他的欲望。

还有个例子：

　　汉武帝本来非常信任太子刘据，后来却因为巫蛊之祸杀掉太子，弄得骨肉相残。原因是太子看错了一个人，处理错了一件事。

　　汉武帝晚年时期，非常信任一个叫江充的人，命他做绣衣使者，监察权贵们的不法行为。偏偏太子刘据的家臣赶着车马走了皇帝专用的驰道，被江充逮个正着。太子就找江充求情，江充坚决不放，处置了太子家臣，于是两人交恶，汉

第五章 选择：决策才是顶级智商

武帝还因此表彰了江充。江充知道自己得罪了太子，担心汉武帝年老，太子继位后会杀掉自己，于是就诬陷太子用巫蛊诅咒汉武帝，才逼得太子刘据起兵造反。

史书上把江充描绘成一个小人，但是，这件事怪不得江充，是太子的处理出了问题，太子没有看穿江充的欲望，没有看清他的利益诉求。

江充的权力来源于汉武帝的信任，他的职责是纠察豪族贵人的行为，本来就是得罪人的工作，在得罪太子以前，他已经得罪了很多人。只有得罪人，他才能赢得汉武帝的信任。汉武帝要的就是孤臣。"充举劾无所避，上以为忠直。"

太子的诉求，实际上是破坏了江充存在的基础。如果江充放了太子车马，那他存在的意义就没有了，所以江充绝对不会放人。

太子正确的做法是什么？应该是派人向江充赔罪说："江先生做得好，我管教不严，这些狗奴才就喜欢打着我的旗号做不法之事，败坏我的名声，请江先生不要姑息，加倍处罚，谢谢江先生替我管教。"

这样做的话，何至于交恶？

而太子之所以看不穿江充的欲望，是因为他是汉武帝的嫡长子，七岁就被立为太子，是天注定的大帝国的继承人。他不理解江充这种人的心理：拼了命也要保住位置，拼了命也要爬上去。江充本来是赵王世子的家臣，是靠举报赵王父子起家的，因为弹劾赵王，他的父兄都被害，他怎么可能不珍惜自己得之不易的权位？

人脉的重要性不用我多说，但是人脉到底怎么用？人脉并不只是圈子里的朋友。第一次跟你打交道的人,只要你能看穿他的欲望,同样也可以是你的人脉。

多数人做事不能成功,其实就是不能搞定关键人,同时又跟有害的人在一起太久。

而不能搞定关键人,不能远离有害的人,原因就是看不穿别人的欲望,自己的欲望却写在脸上。太史公说:"天下熙熙,皆为利来,天下攘攘,皆为利往。"

看不穿别人的原因很简单:一种是高看了天下人,一种是小看了天下英雄。潘美是前者,太子刘据是后者。即便是潘美和刘据也已经超过庸人百倍,更多的庸人是两者兼而有之,看别人穿名牌、戴名表便另眼相看,看别人衣着朴实便耻笑。

所以这些庸人往往蝇营狗苟、勾心斗角,想要攀龙附凤,反而适得其反。他们以为自己在讨好别人,殊不知别人在心里早早把他们拉黑了。

一个人无论权力多大,格局多高,但归根到底他是人,是人就会有一点迈不过去——人的欲望诉求、核心利益。你触动了他的核心利益,无论是位高权重者,还是贩夫走卒,一定会跟你拼命;你能满足他的核心欲望,那么同样,无论是身家亿万的富豪,还是普通大众,都会甘为你驱使。

有人问,怎么让贵人帮你?有一种流行的说法是:请他帮你一个忙。让别人帮你,比你帮别人更能建立良性关系。如果你真的按照这个方法实操,肯定会"死"得很惨,因为当你没有对等实力的时候,对方看都不会看你。这就是"圈子不同,不必强融"。

那是不是这种方法是错误的?是不是就没有办法了呢?不,

恰恰相反，这种方法非常好用。我在白手起家的时候，屡次用过这种方法，请贵人帮忙，并以此建立良好的互动关系。我在请别人帮忙之前，先看穿了别人的欲望。

不用想歪，我从未使用任何灰色手段，全部是光明正大的"阳谋"。其实说穿了非常简单，主要有三点：

表现欲。越是牛人，越是贵人，越是有表现欲，越是好为人师。所谓的帮忙，并不是真正实质性的帮助，而是让他为你答疑解惑。

提纯语言。一种语言就是一种思维，古文是上层阶级的书面语言，有很多值得我们学习的地方。在对话中，大量使用"敢""烦"等用词，突出对方的重要性，往往有奇效。

当下兑现。你的所有请求，都是要能当下兑现的。你不能问别人一个需要查阅的问题，也不能拜托别人需要几天后处理的事务。贵人多忘事，并不是真的健忘，而是随着地位升高，很多事情他真的没有时间顾及。

这一切都是建立在看穿别人欲望的基础上。能看穿别人欲望的人，跟懵懵懂懂的人，命运注定不同。

6. 预期：有钱人都喜欢 To B

| To C 就是"晃悠钱袋子" |

To B 的 B 指的是 Business，也就是企业；To C 的 C 指的是

Consumer，也就是个人消费者。

有人曾经批评过腾讯，说腾讯从来没有 To B 的基因。

腾讯有没有 To B 的基因尚且存疑，但是 To B 的能力无疑非常重要。

微信创始人张小龙曾说过：产品要满足人的贪、嗔、痴，这就是人的共性。能满足大部分人的共性需求，就能达到亿级用户。这就是 To C 的底层原理。

To C 就是要附和消费者，满足他们的需求；也可以说是满足人性的弱点。

古斯塔夫·勒庞（Gustave Le Bon）在《乌合之众》中说过：人一到群体中，智商就严重降低，为了获得认同，个体愿意抛弃是非，用智商去换取那份让人倍感安全的归属感。

有一种心理效应叫"羊群效应"。

羊群是一种很散乱的组织，平时在一起也是盲目地左冲右撞。一旦有一只头羊动起来，其他的羊也会不假思索地一哄而上，全然不顾前面可能有狼或者不远处有更好的草。

人群也像羊群，只要有一两个头羊引领，即使前面是悬崖，也会有一群人跟着跳，这就是"羊群效应"，大众最喜欢从众。所以，To C 是最简单的生意，只要能够激发人的欲念，再通过头羊的引领效应，就能做大做强。

To C 的生意，简单来说就是五个字："晃悠钱袋子。""晃悠钱袋子"让消费者听响，消费者就会乖乖掏钱。

总之，归根到底就是三个字——"成瘾性"。To C 的生意是先吸引消费者，做大流量，然后变现。

To C 和 To B 是两种截然不同的能力

我经常说："在建立人脉时，不要展现自己的财力。"社群里有个朋友反问我："为什么很多富二代可以炫富？"

因为这就是两种截然不同的事情。富二代在网上炫富，是做网红吸引流量；而建立人脉，是要跟高价值、高能量的人建立连接。

前者是 To C，后者是 To B；前者是大圈子，后者是小圈子。

两种截然不同的事情，对应两种截然不同的能力。

To C 是简单的生意。在互联网时代，通过掌握用户喜好，然后利用大数据设计和制造成瘾性，让大众上瘾传播。

To B 是面向企业的，与 To C 要打动大众消费者不同，To B 要打动的是一个个老板、企业高管、行业的领袖等，换句话说就是要打动精英。

精英们通常有牢固的世界观和价值观，单凭成瘾性来忽悠他们，无疑是非常困难的。

可以简单地说，To C 就是赚草根的钱，To B 就是赚有钱人的钱。赚草根的钱容易，赚有钱人的钱难。

世界上大部分生意模式都是草根经济，顶级的公司都是赚草根的钱，比如可口可乐是把 To C 做到极致的公司。既然如此，为什么还说顶级高手都具有 To B 的能力呢？

To B 的能力为什么是最强的

刘邦和韩信曾经讨论诸将能带多少兵。

>刘邦问:"我能带多少兵?"
>
>韩信说:"陛下最多能带十万兵。"
>
>刘邦说:"你能带多少兵?"
>
>韩信说:"我是多多益善。"
>
>刘邦说:"既然你是多多益善,为什么成了我的下属?"
>
>韩信给了一个答案:"陛下不善带兵,但善于带将"。

韩信的能力就是 To C 的,刘邦的能力就是 To B 的。韩信的"背水一战"建立在深谙大众心理的基础上,以后有无数名将试图复制,几乎没有成功的。

刘邦的能力是小圈子的,他的圈子是老家丰县、沛县那些人,他只要搞定那些人就行了。

项羽的能力也是 To C 的。他个人魅力超强,下层的士兵乐于效死,但是他连最亲信的谋士范增都不信任,因为项羽这个人非常小气,给予部将权力、名位的时候特别吝啬。韩信曾经有机会跟刘邦、项羽三分天下,但是关键时刻放弃了。史书的解释是韩信感念旧恩。如果我们看韩信的能力圈就会发现,也许并不只是感念旧恩,而是他的能力就是 To C 的。历史上从来没有讲过,韩信手下有任何有名的部将,也许在他准备三分天下的时候,他才发现没有团队帮他实现抱负。

秦末汉初的历史,其实可以理解为:一个 To B 的精英打败了两个 To C 的精英。

这就是为什么 To B 的能力是最强的。

第五章 选择：决策才是顶级智商

| 大圈子成事，小圈子成王 |

做大事需要小圈子，做小事需要大圈子。为什么？

搞大圈子，你需要懂大众心理，越懂大众心理，你就越牛。韩信的"背水一战"，可以说把大众心理操控到了极致。项羽也是这样的人，"破釜沉舟"使他一战成名。

但是搞大圈子的人，搞不定精英，搞不定高层。

因为精英都是聪明人。那些话术忽悠不善思考的普通人可以，但是对精英无效。

所以韩信对刘邦说他善将兵，刘邦善将将。

搞小圈子就是要逆大众心理，你得是现实主义，不是浪漫主义和理想主义，不能有道德洁癖。

刘邦做到了，他果断分利，分王裂土，从来不吝惜赠送财帛美女。

项羽做不到，不肯分王裂土，所以很多人才就跑了，韩信也跑了。后来有机会三分天下时，项羽还有道德洁癖，不想三分天下，最后惨败身亡。

刘邦能搞定小圈子。刘邦军事上打不过项羽，但是彭越、韩信、英布这些牛人都愿意帮他，项羽是只猛虎也架不住群狼。

这就是大圈子成事，小圈子成王。

西汉是丰沛旧人的小圈子，东汉是河内南阳豪族的小圈子，隋唐是关陇贵族的小圈子，五代和宋就是沙陀贵族和汴州武人的小圈子交替上位，元朝是铁木真伙伴和兄弟儿子的小圈子，明朝是淮西集团的小圈子，清朝是八旗贵族的小圈子。

所以，"背水一战"也好，"破釜沉舟"也好，最后都是一将功成万骨枯，换来几个人的顶戴花翎而已。To C 往往只是制造情绪，To B 才能真正让人心悦诚服。

能 To B 的人，迟早会有 To C 的能力

简言之，To B 就是赢得人心，还是赢得精英的人心；而 To C 是赢得普通人的人心。

这些聪明人都是高能量的人，他们中有能 To B 的人，也有能 To C 的人，这些聪明人会把你的影响扩散出去。所以，能 To B 的人，迟早会有 To C 的能力。

混小圈子的人，迟早会有大圈子。拿刘邦来说，他不需要搞定士兵，他带兵打不过项羽，也打不过韩信，但是他搞定了韩信、搞定了萧何、搞定了张良，搞定了一群高能量的人，让他们分工合作，自然就能搞定天下。

顶尖的高手一定要有 To B 的能力。仅仅能够 To C 搞定客户，你只是个好销售；搞定用户，你只是个产品经理；搞定普通人，你只是个优秀的干部；唯有能搞定精英，你才是 Leader（领导者）。

第六章

运气
概率是数学与人性的叠加

第六章　运气：概率是数学与人性的叠加

1. 幸运：越厉害的人越敬畏偶然

> 从某种意义上说，成功人士是一次次危机的幸存者，是一次次随机概率筛选的结果。运气这件事，在成功中所占的比例，比我们想象的大，概率也远远比想象的更不公平。

人跟人的差距为什么这么大？从数学上来说，一切都是概率，是概率造成了人的差距越来越大。

| 概率：反人性 |

我们通常称为"运气"的东西，本质上都是概率，概率有两个特点：1. 概率反人性，2. 概率反直觉。

为什么概率会反人性和反直觉？

概率是某件事发生的可能性，并不代表这事件必然会发生。世界如此奇妙正源于此，大概率事件不一定如期而至，小概率事件也未必不会发生。

所以概率一定是反直觉的，一定是反人性的。**"尊重概率，敬畏偶然"** 是一个很好的习惯，但是这要求一个人要有绝对的理性，去反抗人性和直觉的错误。

"运气"在成功中所占的成分，怎么高估都不过分，即使你做对了所有事情，还是可能会被"偶然性"击倒。当你失误的时候，千万不要上头，不要为了你的理论和尊严去赌，要接受现实，**并让现实修正你，而不是你试图修正现实。**

从某种意义上说，成功人士是一次次危机的幸存者，是一次次随机概率筛选的结果。运气这件事，在成功中所占的比例，比我们想象的大，概率也远远比想象的更不公平。

命是弱者的借口，运是强者的谦词。 强者和弱者最大的区别是什么？弱者蔑视概率，蔑视偶然性；强者尊重概率，敬畏偶然性。弱者的问题往往是：应该看到风险的时候，他们只关注可能性；而应该看到可能性的时候，他们看到的却是风险。

都知道选择比努力更重要。 人们在选择的时候，总是受情绪、社会文化、家庭背景、教育经历的影响，只有极少数的人能够违逆人性，做出理性的选择。

概率是数学，又不完全是数学。概率跟人性——人类心灵深处最深层次的东西息息相关（潜意识），所以概率包括数学和人性，二者结合形成的选择，称之为运气。

第六章 运气：概率是数学与人性的叠加

由于概率的存在，有人理性，有人非理性，而理性的人和非理性的人，差距会像滚雪球一样，慢慢变得无穷大。

| 幸存者偏差 |

人们在评价一个人的成功经验时，常常使用一个词：幸存者偏差。很多人认为，成功人士总结的经验都是幸存者偏差。

什么叫幸存者偏差？

所谓幸存者偏差，也就是死人不说话；当取得信息的渠道，仅仅来于幸存者的时候（因为死人不会说话），这种信息很可能与实际情况不符，甚至截然相反。

1941年的二战时期，哥伦比亚大学的亚伯拉罕·瓦尔德（Abraham Wald）教授应军方的要求开始研究"如何降低飞机被击落"的课题，提高飞机的生存率。

瓦尔德研究了大量战场幸存下来的飞机，发现飞机的机翼被击中的频率是最高的，而机尾被击中的频率是最低的。他们开始加固了机翼，结果发现美国军机被击落的概率并没有降低。

瓦尔德教授经过思考，给出一个大胆的建议："加强飞机机尾的保护。"听到这个建议，军方人士感觉非常疑惑，为什么机翼被击中的频率最高，不去加强机翼的保护，反而加强机尾的保护呢？

瓦尔德教授给出了两个依据：

第一，飞机的机翼即使被击中那么多次，还是能够安全返回，可见机翼被击中跟飞机坠毁的相关性没有那么高；

第二，飞机机尾看似很少被击中，但实际上是一种假象，因为很多被击中机尾的飞机，根本没有机会安全返回，而是直接坠毁了。

很显然，军方陷入了一种"幸存者偏差"的谬误中。他们只关注到了幸存下来的飞机的信息，而没有关注到那些已经被击落的飞机的信息。

所以，当机尾被击中的时候，你作为一名飞行员，遭遇的是坏风险；当机翼被击中的时候，你当然也遭遇了风险，但是并不致命，相比机尾中弹这种致命风险来说，就是好风险。

聪明的人总是选择好风险，规避坏风险。

在投资和人生的发展中，我们几乎都会遭遇风险，承担风险，我们要学会去承担好风险，避免致命的坏风险。2004年，联邦快递曾开出50亿的天价收购顺丰，但顺丰的创始人王卫拒绝了。此后顺丰不断发展，成为快递行业的龙头企业。王卫在做这个选择的时候，其实也在承担公司发展缓慢的风险，但是这个风险并不是致命的，而是好风险。王卫没有贱卖自己的选择权，没有选择坏风险。而像维多利亚的秘密的创始人，就是贱卖了自己的选择权，丢掉了自己的好产品、好事业，选择了未知的创业路程，对他而言，这才是导致他人生悲剧的坏风险。

人生不可能不承受风险，我们能做到的是，尽量跟好风险待在一起，避免坏风险的发生。

人跟人的差别，就是在对风险的判断和评估上。

不上别人的牌桌

很多人认为精英喜欢冒险，但实际上，普通人往往更喜欢"赌博"——他们更愿意承担不可预知的高风险。这种"赌博"并不是真的赌桌上的赌博，而是在生活中寄希望于侥幸，敢于踏入显然充满危险的"雷区"。

观察你身边的普通人，特别是那些节俭的普通人，他们会拿着自己的退休金去购买昂贵的保健品，拿着自己辛苦攒下的资金投入P2P、金融骗局。

相比之下，精英更喜欢积累自己的优势，利用各种策略来增加自己的胜率。普通人确实不喜欢承担风险，但是在发生了损失的情况下，往往会变得非常激进。

那么，他们的区别是什么？精英和普通人有什么区别？精英除了更具有经营企业的才能之外，还能做到一点，就是不上"别人的牌桌"。普通人购买的"空气币"、参与的庞氏骗局，这些都有一个共同的特点：这些都是"别人的牌桌"。在"别人的牌桌"上，你是赢不了的。

普通人可以承担风险，但是必须满足两个条件：获得收益时承担风险，不上别人的牌桌。

尊重概率，不要参与"别人的牌桌"，这种牌桌的规则是别人制定的，胜率是不可控的，你不可能通过努力增加自己的胜率。

你需要去参与能够获取价值,能够通过自己的工作和资源积累优势的"牌桌"。

2. 幸存:精英是怎样炼成的

> 幸运,都是攒出来的,是不断积累优势的结果。所有的成功者,最擅长的是积累自己优势,增加自己成功的概率,所以他们能够成为幸存的那一个。

"天才都是天赋异禀又勤奋努力。"这句话正如爱迪生所言:"天才就是1%的灵感加上99%的汗水。"当然,这句话的下半句往往被忽略:"1%的灵感比99%的努力重要。"精英也是这样,他们先天比较幸运,后天又把握住了各种机遇。

在一般人的观点里,天才要么聪明,要么专注而有毅力,要么两者兼有。但是英国作家马尔科姆·格拉德威尔(Malcolm Gladwell)提出一个观点:天才不是天生的,也不是后天努力的,天才是被塑造的。

以加拿大的冰球为例,格拉德威尔在分析2007年的麦迪逊哈特"老虎"队队员名单时发现一个现象,大多数优秀球员的生日都集中在1～3月。这是为什么呢?

不用担心有黑幕,这是完全公平的选拔。

原因很简单。冰球是加拿大的国球,非常受重视,每年都要

第六章　运气：概率是数学与人性的叠加

在孩子中进行挑选，把一些好苗子挑出来，按年龄分组。年龄分组的分界线是 1 月 1 日，也就是说：1 月份出生的孩子会跟同年 12 月份出生的孩子分在一组竞争，而 1 月份出生的孩子实际上比 12 月出生的孩子大了一岁。在儿童时期，一岁的差距会产生身体各项体能指标的全面碾压优势。

1 月份出生的孩子，具有身体发育优势，他在每一届选拔中，都因为发育优势，不断被挑选进高水平的训练营，得到专业的指导，优势逐渐积累，最后成为明星球员。当然，并不是说这样的孩子没有天赋或者不努力，而是同样的天赋和努力，年末出生的孩子，可能就失去了得到高阶训练的机会，也没有机会成为明星球员，因此年初出生的孩子格外"幸运"。

看似完全公平的选拔，产生了完全不公平却非常合理的结果，天才就是这么一步步被塑造出来的。

《新约·马太福音》里有句话："凡是有的，还要加给他，叫他有余；没有的，连他所有的，也要夺过来。"这就是马太效应。天才和成功固然有天赋异禀和后天努力，但实际上，他们都是一个"优势积累"的过程。

我少年时也背负"天才"之名，无论是学习还是体育，都远超我的同学们。我很长时间以此自傲，以为自己是天选之人。

后来经过自省，我发现我也不是天才。改变我命运的是小学校长。我在小学时从农村到城市上学，校长认为农村的学生基础差，就让我留了一级，我因此愤恨多年，但这也是我激励自己的动力。现在如果我见到他，我一定会亲他一口。实际上，我的所谓少年天才优势，大多都是在留了一级以后展现的，也就是说，我比我的同学们大了一岁或两岁，所以我看起来非常有天赋，属于同学中最优秀的那一个。

正因为这种"看起来的优秀"，我一直被师长赋予一个"领导者"的角色，我的能力得到了全方位锻炼；也正因为"看起来优秀"，在升学考试中，我总能进入比较好的学校学习。

我再讲一个关于身高的故事。

我姐姐的身高是 168 厘米，在家族同辈排名第三。我有很多堂兄堂弟、表姐表妹，他们的身高没有一个超过 165 厘米的。而我和我哥哥身高都在 180 厘米以上，这要感谢我母亲，她的身高也有 168 厘米。

我的亲戚们长得矮是有原因的，因为我的叔叔舅舅普遍身高很矮，大概只有 162 厘米左右，他们的老婆也普遍在 150 厘米左右。我的父亲是他同辈中最高的一个，有 172 厘米。女性择偶很少选择比自己矮的男人，所以我爸爸就是凭借自己的身高优势，娶了一个比较高的姑娘——我母亲，所以生下了三个比较高的孩子。于是，身高优势开始累积。

我姐姐高是因为我妈妈高，开始只是微弱的身高优势，但是以后会通过一系列偶然不断放大。

我的叔叔们为什么长得矮呢？因为他们都出生在 20 世纪 60 年代，他们在幼儿时期缺乏足够的营养，影响了身高。

我父亲这一代人，很少有身高超过 175 厘米的人，主要原因是长期吃不饱，动物蛋白摄入不足，又过早的参与体力劳动。

我父亲的一个朋友，他的太太 60 岁了，身高足足有 173 厘米。这个身高在那个年代里非常罕见，一问之下我才知道，他的太太是部队家庭出身。在那个供应配给制的年代，需要粮票、肉票，但是部队上食物供给比较充足。

谁能够得到充足的动物蛋白，谁就能长高，这就是身高的军备竞赛。他们是身高竞赛的赢家，在以后的婚配中也更占优势。

草原上有两只羚羊，一只羚羊在休息，另一只羚羊在练习跑步，休息的那只羚羊说："你再能跑还能跑过猎豹？"跑步的羚羊回过头微微一笑说："我不用跑过猎豹，能跑过你就行了。"

老师问学生："一只兔子几条腿？答对了老师奖励一块棒棒糖。"一个学生说有两条腿，另一个学生说有三条腿，于是老师把棒棒糖奖励给了说三条腿的学生。其他人表示很奇怪："三条腿也不对啊。"老师说："他比较接近正确答案。"

有时候，我们要做的就是比身边的人快一点，建立一点微小的领先优势。这种优势，开始并不明显，根据马太效应，这种优势会不断积累，最后你会成为众人眼中的天才和精英。

什么是精英？精英就是那个说兔子有三条腿的人。

精英不需要总是正确，只需要拥有比较优势，并在竞争中活下来，把优势累积下来。

人们总是高估了短期爆发的力量，而忽略了长期优势积累的力量。真正好运的人，一定是长期主义者。

因为精英都是剩下来的。

3. 极简：有钱人是怎么做事的

> 真正厉害的人，人生都是极简模式。现代社会，很多人常常感到焦虑，焦虑学习、焦虑工作、焦虑未来，而大多数人焦虑的原因只有一个：想得太多又做得太少。

在各行各业做到顶尖的人，一定是个幸存者，你观察这些精英如何做事，就能总结出一个共性。

互联网有个最大的好处，就是真能看到你想要的内容。比如做饭，光靠自己摸索，很多东西都是错的，只有跟真正的老师学才能做对。我这几年学做菜，看了自媒体"老饭骨"的不少视频。我特别喜欢郑秀生。他退休前是北京饭店的行政主厨，做过很多次国宴。

郑秀生讲他年轻时候研究厨艺的经历：20世纪八九十年代刚开始有烹饪杂志和书籍的时候，他隔段时间就去买一本烹饪书；他的学历不高，为了增强自己的理论功底，进修了大专学历。不要小看大专，这在当年厨师行业不多见。学校会讲一些与烹饪有关的物理、化学知识，你可以从理论上知道哪些操作是对的，哪些操作不对。

国宴的大厨又是怎么炼成的呢？

郑秀生一开始就到北京饭店学厨。北京饭店相当于厨师界的顶级学府，这就保证了培训师傅的水平很高。很多厨师在出师后已经不学习了，抱着手艺开始吃老本。但是郑秀生买书钻研，还

第六章 运气：概率是数学与人性的叠加

去上大专，找机会去国外交流、做国宴。

能不能找到好师傅学习，筛掉一批人；自己是不是心灵手巧，筛掉一批人；是不是热爱工作，筛掉一批人；肯不肯钻研，筛掉一批人。

每一个环节都筛掉一批人，最后就是剩者为王。

国宴的大厨就是这么炼成的。

《世说新语》有一个故事。

> 管宁和华歆在园中锄菜，结果挖出来一块金子。管宁看也不看继续锄地，华歆把金子拿起来握手里，犹豫了很久才扔了。
>
> 后来俩人一起读书时，有高官乘车路过，管宁看也不看，继续读书，华歆放下书跑出去围观。
>
> 结果回来的时候，管宁就把俩人坐的席子分开，彻底断交。
>
> 后来，管宁成了汉末有名的经学大师；华歆抱紧曹丕的大腿成为魏国的司徒。

这件事说明你干什么不重要，重要的是：你能不能成为剩下的那一个。

管宁是学术界剩下的那一个，华歆也是谄媚届剩下的那一个。他俩一个坚定地追求学术德行，一个坚决地追求名利。他们都得到了自己想要的。

大多数人其实既不是管宁，也不是华歆，最多是围观的吃瓜群众。

金庸的小说《天龙八部》里有个故事，鸠摩智到大理天龙寺，展示大力金刚指和无相劫指的威力，想用这两种武功秘籍交换六脉神剑秘籍，天龙寺的方丈和高僧们个个心动不已。

坐禅的枯荣大师只问了方丈一个问题："你的一阳指练到了几品？"

方丈答："只练到第四品。"然后恍然大悟，拒绝交换。

一阳指可以练到一品，你只是练到第四品，贪图别人的武功秘籍并没有意义。你不厉害，是因为你自己练得不够。

人生的秘诀很简单：你不要问别人厉害不厉害，先问自己的一阳指练到第几品。与其贪多嚼不烂，不如先练好一种武功。

任何一个时代，任何一个行业，最后剩下来的一定是赢家。但是任何一个时代，诱惑都不少，任何一个环节，都有可能把你淘汰掉。所以，所有的精英都有一个共性——极简。

精英必定是极简主义的实践者，他们抵制了很多诱惑，如同管宁和郑秀生一样。

大学时，我遇到一位29岁就晋升为教授的导师，当时他已经快40岁了，有了很多学术成果。

有一次在课堂上，他分享自己的生活：他很少购物，购物绝对不会去砍价，去商场从来都是看了就买，每天都吃教工食堂，只吃三个菜和半碗饭，每天的生活雷打不动，什么时间做什么事，非常有规律。

几十年如一日，他把时间全部用在学术上，放在研究和论文上，这就是他很年轻就能脱颖而出的关键。

你把时间用到哪里，哪里就有成就。

第六章　运气：概率是数学与人性的叠加

真正厉害的人，人生都是极简模式。

现代社会，很多人常常感到焦虑，焦虑学习、焦虑工作、焦虑未来，而大多数人焦虑的原因就是一个：想得太多又做得太少。

乔布斯说过：专注和简单一直是我的秘诀之一。简单可能比复杂更难做到，你必须努力厘清思路，从而使其变得简单。但最终这是值得的，因为一旦你做到了，便可以创造奇迹。

想要真的做出改变，想要变得厉害，就要做到两个字——简单。简单才会专注，简单才会让人保持方向，接近自己的目标。

那么，如何做到极简？大致可以从三个方面入手。

| 目标极简 |

贪多嚼不烂，一次只把一件事情做好，就已经很了不起了。大道至简，很多时候遇到的困境和棘手的问题，是因为你想得太复杂。

我第一次创业的时候，什么都想干，目标特别多。看到一个好的模式就想学过来，看到一个好的方向就想复制下来，最后搞得特别复杂。而特别复杂的结果就是：无论是公司，还是我自己的工作、生活全都变得一团糟。这些全是我给自己做了太多的加法，目标太多导致的。

明白了这个道理之后，我现在做事情的目标都会尽可能简单化，一次只做一件事。做成一个产品后，再做下一个产品；完成一件事，再做下一件事。一个人有效的工作时间可能有 50 年，如果你每年完成一个产品、完成一个目标，一生就能够完成50个目标，这已经非常厉害了。

所以，越是复杂的事情，越要学会做减法。真正厉害的人，往往都是目标简单化，做事有重点。一步一个脚印，才是真正的成事之道。

| 情绪极简 |

所谓"情绪极简"，是指对自身情绪拥有绝对的掌控力。

我们很多精力是被情绪内耗了。一个人成熟的标志，是能有效地控制自己的情绪。容易被情绪困扰的人，往往难成大事。情绪管理能力强的人，内心都很平和，这样的人遇到困境也不会怨天尤人，在低谷时也不会任由负面情绪发酵，做出错误的选择。

真正厉害的人，并非没有情绪，而是心中有明确的目标和正事。我们只要专注地做事，内耗就会大大减少。大部分内耗源自在事情没有开始之前，情绪上的反复拉扯。这就好比一个人住在堆满垃圾的房间中，若想认真做事，总要先消耗精力把这些垃圾清理干净。心理上的负面情绪就像垃圾一样，特别消耗一个人的能量。

因此，厉害的人都能做到情绪极简，减少情绪的消耗。遇到麻烦，不过多为之纠结；遇到小人，尽可能避免与之纠缠；珍惜自己宝贵的精神资源，去做真正有价值的事情。

圈子极简

我一直强调社交的重要性。社交的重点在于社交的质量，而非数量，我们应该避免在无效的社交上浪费精力。

你仔细观察身边的成功者就会发现：他们尊重身边的任何人，真心地对待他们。但是他们从来不会盲目地去结交朋友，甚至能被他们真正视为朋友的人少之又少。相反，他们更会享受独处。他们明白，与其进行一些可有可无的社交，不如静下心来好好思考一些问题。

你生活的圈子里都是什么样的人，你就是什么样的人。古有孟母三迁，足以说明圈子对人的重要性。所以，真正有用的社交不在于多，而在于精。我们在短暂的生命中应当有所取舍，去粗取精。当你的圈子里大部分都是优秀的人，你可以跟他们不断地学习，不断地进行思维碰撞，你往往会有更多的收获。只有精选你的社交圈子，你才会过上轻松又充实的人生。

真正的高手，都善于把复杂的事情简单化；真正厉害的人，都很简单。

庄子有言："朴素而天下莫能与之争美。"朴素即为极简，朴素最有力量。人生中最大的智慧就是做减法，剔除不重要的事物，专注你最重要的目标。一年完成一两件重要的事，也比规划七八件完不成的事要有意义得多。

4. 好运：一路顺遂的人都有哪些特点

> 一提到"幸运"，很多人就打退堂鼓，认为幸运是不能复制的。诚然，幸运不能复制，但是幸运是可以学习的。

好运是大家最关心的一个问题。怎样让自己拥有好运气，成为那个一路顺遂的人？或者说，怎样让自己的人生不浪费，少走弯路？我们都需要一个"人生不浪费指南"。

"人生不浪费"是一种幸运。"人生不浪费指南"其本质就是让你的人生一路顺遂。这样的人有吗？有的，这样的人我们称之为"幸运儿"。

一提到"幸运"，很多人就打退堂鼓，认为幸运是不能复制的。诚然，幸运不能复制，但是幸运是可以学习的。假如你渴望提升自己的幸运指数，我整理了七条宝贵的经验供你参考。

| 接飞刀 |

我们首先要明确一点：人生不可能一点不浪费，好运气也不是说让我们摸到的每一把牌都是好牌。我们只要做到把生命中的每一场意外都处理好，把命运发给我们的牌打好就可以了。

比如，我直播的时候经常遇到这种情况：我已经和儿子约定好了，他跟小朋友出去玩，我要做直播。然而刚开播，他出其不意给我来一个"回马枪",让我中断直播去给他开门拿玩具或者零食。

你无法预料你的人生中会有一个什么样的人,在什么时间给你出一个"幺蛾子"。就像我儿子,每天都给我出"幺蛾子",我每天都无法预料。

人生就是阿甘妈妈的巧克力盒,你永远不知道下一个巧克力是什么口味的。人生是没有彩排的,每天都是现场直播,意外来了,你就得接着。

人生又像 3D 电影一样,它想刺激观众,怎么刺激观众呢?给观众扔飞刀。在《十面埋伏》这部电影里,主角最擅长的是冲着观众扔飞刀。这时候作为观众,你一直觉得有飞刀扑面飞来,于是你就投入了。

这像极了我们的生活。生活中每天都有人在冲你扔飞刀,有父母扔过来的,爱人扔过来的,还有孩子扔过来的,这些飞刀都得接住,你还要顺手再扔回去。

怎么把你手上的每一把刀都耍好?这其实就是你的"人生不浪费指南"。关键是一定要分清楚,哪些飞刀是重要的,哪些飞刀是不重要的。很多人都知道时间管理四象限法(见图 6–1),我们可以把工作任务分为四个层次:轻、重、缓、急。第一象限为重要且紧急,第二象限为重要但不紧急,第三象限为不紧急且不重要,第四象限为紧急不重要。

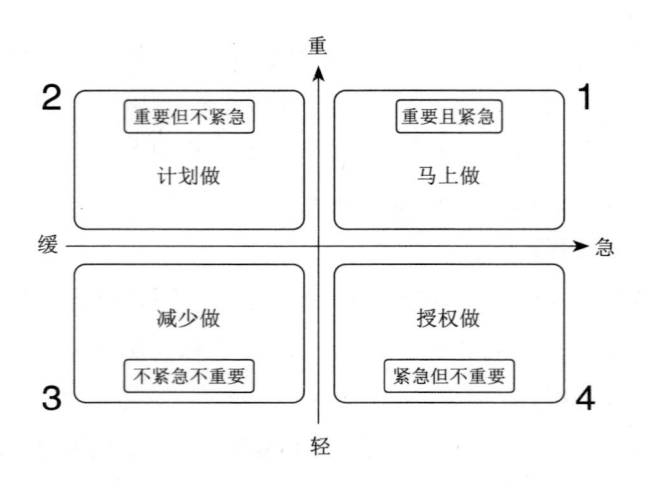

```
         重
         ↑
 2 ┌──────────┐   ┌──────────┐ 1
   │ 重要但不紧急 │   │ 重要且紧急  │
   │   计划做   │   │   马上做   │
   └──────────┘   └──────────┘
缓 ─────────────┼───────────── 急
   ┌──────────┐   ┌──────────┐
   │   减少做   │   │   授权做   │
   │ 不紧急不重要 │   │ 紧急但不重要 │
 3 └──────────┘   └──────────┘ 4
         ↓
         轻
```

图 6-1　时间管理四象限法

那么，如何落实执行工作顺序呢？

对于重要且紧急的事情**马上做**。如果这类事情过多，那就想办法规划时间，减少此类事情。

对于重要但不紧急的事情**计划做**。尽可能把时间花在重要但不紧急的事情上，这样才能减少产生重要且紧急的工作量。这些事，就是对你未来发展有重大作用，但是短时间看不到效果的事，比如培训、充电提升、学习等。

对于不紧急不重要的事情**减少做**。

对于紧急但不重要的事情**授权做**。

所有的工作中，重要且紧急的工作非常少。大多数人变得平庸是因为都在处理紧急不重要的事（四象限），甚至陷入不重要不紧急的事（三象限），而往往忽略了最重要的工作。

这就是我们接飞刀的顺序：重要且紧急的飞刀马上接；重要

不紧急的飞刀计划接；紧急但不重要的事情授权别人来做；不紧急不重要的事情减少接甚至完全不接，减少对自己的消耗。

退阶

变得幸运的第二个关键是：学会退阶。

首先要清楚什么是顺遂与不顺。

比如，我在直播时，我儿子喊我给他开门，这是不是叫不顺？我觉得不是，这是一个很正常的意外，是你很难预料到的事情。随着你身边的人越来越多，每个人都会给你一个意外，每个人都会给你一个惊喜，很多人就是被这些事情弄得抓狂。这不是命运对你不公，命运薄待你，而是你自己的情绪造成的。这时候我只要做一件事：往后退一步，把直播暂时停掉，去给他开门，问题就解决了。这不叫不顺，这叫退阶。

热爱健身的朋友，可能听说过保罗·威德（Paul Wade）《囚徒健身》里有一个概念是退阶。例如：体重大的同学，做引体向上非常难，大多数人一个都做不了。既然做正手引体向上做不了，先做一个退阶的动作，做反手引体向上；如果反手引体向上也做不了，就找一个平面的桌子，做一个折刀引体向上。总之，向上的路虽然紧锁着，向下的路却一直为你敞开着。你先做了这些退阶动作，然后再慢慢升阶，加难度，最后就能做一个、两个，甚至十个引体向上了。但是很多人就是不懂退阶，发现自己一个引体向上也做不了，然后就放弃不做了。

"人生无难事，只要肯退阶。"但是这里的退阶，并不是真的退步，是你做折刀引体向上做得多了，就可以做反手引体向上；反手引体向上做得多了，就可以做正手引体向上。经历了四五个台阶的进阶，你以为比登天还难的事情终于完成了。

先退阶，先过一段低配的人生，然后再进阶。

很多普通大学毕业的学生，刚毕业就想去阿里巴巴、腾讯等大公司，想拿百万年薪，但是实际上很难。不仅仅是百万年薪拿不到，可能月薪三万都拿不到。那怎么办呢？

我们可以先过一段低配的人生：首先进入互联网这个行业，从低阶做起，从入职一个小的网络公司做起，等积累了一定的经验，学了一些技能以后，再逐渐进入中型企业。万一中型企业被阿里巴巴、腾讯收购了呢？前几年经常有小公司的整个项目组被大公司挖走。

然而有一句话是："我们不要过低配的人生。"这种想法容易让人陷入尴尬，因为你暂时还过不上高配的人生，又不过低配的人生，心态必然崩溃。

世界上所有的问题都有答案，无论是职场、赚钱还是结婚生子等。所有问题都有解决之道，只不过分为最优解、次优解、不优解和下下解。

你会发现：你当时会非常焦虑的、已经没有回转余地的、好像"无解"的问题，最后都能得到解决。你认为的"无解"，其实是"没有办法达到最优解"。

拿到最优解，需要提升自己的实力；而提升自己的实力，是一个很长的过程。所以在当下的时刻，盲目地想要拿到最优解，其实是一种贪念。

这时候，次优解、不优解，甚至下下解，都是可以接受的。与其等到事情不可收拾，被迫接受下下解，不如早点后退一步，接受次优解。这才是退阶的意义——退阶，本身就是一种幸运，让你及早认清现实，接受较好的结果。即使不是最好的结果，对你长远的人生发展，也是有价值的。

| 区分 |

有些事情看似不顺，并非真的不顺，它只是暂时让你过一个低配的人生，暂时让你退阶，你做完这件事，才能做那件事。所以，有些事情并非不顺，而是做其他事情的必经过程。

比如，你一毕业就想创业，但实际上，你可能什么都不懂，你不懂这个行业。如果拿自己的钱去创业，那基本上就是在打水漂，来逗这个世界玩的。因此，你需要先去企业工作几年，跟这个世界进行磨合。然而，有些人就是磨合不了，觉得自己每天被压榨得痛不欲生，这是自己心态的问题而不是社会的问题，需要调整自己的心态。所以，你这种不顺，不是真的不顺，如果连这种坎都过不了，那你的人生一定会不顺遂。

怎样变得幸运？在人生的关键问题上，投入所有的资源，尽量争取最好的结果，这就是幸运。我们每个人在人生的每个阶段，能获取的资源非常有限，我们不可能兼顾所有方面，只能把重点放在关键问题和关键方向上，学会抓大放小。能够把主要问题解决好，就是幸运。在次要问题、次要方向上浪费资源就是不幸。

远离不幸

幸运也是需要止损的，止损方式就是主动远离不幸，远离不幸的人和事。根据我的经验，如果你感觉某人或者某件事情可能有害，那么最终就会造成伤害。

首先，基于个人经历，我特别害怕情绪不稳定的人。

如果这个人情绪不稳定，无论他是你的同事、朋友，还是网友，只要遇到这种人就立刻远离他们。一定不要抱有看一下奇葩的心态，永远不要。我在现实中和网络上都遇到过这样的人：有的人声称被网络大 V 监视，有的人无端认为他人对自己有所图谋。面对这类人，我的做法是立即拉黑。即便现实中无法物理性拉黑，内心也应认识到这是一枚"定时炸弹"予以排斥。

另外一种可怕的人就是悲观的人。

我以前有一个同事，面对北京的沙尘暴天气，就会说："完了，世界末日来了。"遇到别人倒霉了，他就会说："这个人遭报应了吧。"他一直在幸灾乐祸，永远悲观，对公司也是满腹牢骚。公司发福利，都是同样的东西，他总认为自己的东西是不好的。分配一项工作给他，他就觉得受了委屈，不如别人轻松，不如别人奖金多，就好像别人都在针对他。

这种人即使看起来很可怜，也是他自己的原因。而且你会发现这种悲观、爱抱怨的人，他会给你带来各种麻烦，因为他在不断制造麻烦。

此外，在现实中我们也要注意"瓜田李下"，对这些嫌隙之地，要赶紧躲开。虽然危险不一定会发生，但对于有目标、期望

第六章　运气：概率是数学与人性的叠加

人生顺畅的人来说，应主动避免，正所谓"君子不立危墙之下"。远离那些不对劲的人，远离那些不对劲的事，我们既然渴望幸运，就不要在危险的事情上赌博。

| 快速通过 |

顺利的人有什么特征？答案是轻装前进、快速通过。

我一直在强调一个概念：能够快速通过的，你要快速通过。

我年轻的时候特别"直"，看不上走捷径，将其视为不公平。我天生就特别看重公平，看见不公平的，就会想着要用自己的力量建立公平。

高中时，有位同学去外国语学校上学，父亲也曾提议我去这个学校。那时候我成绩很好，严格来说是我们市的前三名。当时我爸问我要不要去，我说不用，我肯定能上清华。我们市每年考上清华的就一个人，每年考上北大的也就一个人，稍微有一点意外，我就考不上清华、北大。

这种意外还是发生了，我考上了一所985大学。我发现上外国语学校的同学高中毕业以后，直接去了美国的一所州立大学。可是我大学毕业后，却上不了那所州立大学。我在高中时代，压根不知道上外国语学校，有机会申请去国外读大学。

这就是一个现实，他走了一个快速出国读书的捷径。

这里不是说国外大学就比国内大学好，而是说一个思路：在你可以绕过、可以走捷径的时候，你不要偏执，一定要想着怎么快速通过。

我们的人生是一个阶段一个阶段的，能通过的快速通过，没必要每个阶段都刷到第一。例如你高考复读了十年，终于考了满分 750 分再去上大学，这样又有什么意义呢？

你用十年的时间研究透一个行业，这是有意义的。但是玩游戏刷到满分没有意义，你刷到满分消耗的时间，足够让你玩很多游戏了。

当你能快速通过的时候，一定要快速通过，如果你不能快速通过，你就要被迫陷入内卷之中。

内卷是什么？内卷就是很多人都在竞争一件事情，有一万人甚至十万人去竞争。一旦你陷入了内卷，你会发现聪明人太多了。在中国，无论是二本、三本，甚至是高中都没毕业的人，智商都很高。在生存面前，你跟他们在同一个平台竞争，未必能赢。所以不要陷入内卷，要争取快速通过的机会，而不是争取内卷的机会。

现在考公的、考教师编制的人很多，博士生不一定就考得过上二本甚至上大学专科的同学。只要大家在一个门槛上竞争，都去刷题，还真不是学历高的人考的分数就最高。

这也给学历低的同学一个启示：工作以后，你不一定比那些博士、硕士差，不要把自己给吓住了。如果是纯粹的技术岗位，高学历确实有优势，但是对于某些岗位来说，学历低不一定是劣势。

| 清白 |

快速通过是让我们找到捷径，但是这个捷径一定不能有污点。

什么叫污点呢？就是我们在寻找捷径的过程中，那些违反公

第六章　运气：概率是数学与人性的叠加

序良俗的行为。有的污点看起来微不足道，但是随着你财富积累越来越多，社会地位越来越高，这些污点可能会在几十年后毁掉你的人生。比如有人伪造学历，通过面试，拿到职位，暴雷的时候，这件事往往成为他一生的污点。还有人抄袭毕业论文造假，即使后来获得很好的工作，却可能被人扒出来，丢掉宝贵的信誉。互联网时代最大的特点就是"互联网有记忆"，你的任何一个小小的污点，暴露在公众视线的时候，都有可能被放大，成为你一生的黑点。

人到中年以后，你会发现：走得顺的人，为什么会走得顺？因为他的人生没有污点，或者说没有明显的、大的污点，没有人可以找到污点攻击他。我们处在高度竞争的社会，如果你的人生中有污点，那么，一定会有人抓住你的把柄攻击你。

我们在职场中一定是有竞争对手的，对手发现你有明显的污点时，你的污点就是一个他用来攻击你的工具，就会成为一个定时炸弹。

你知道领导最怕的是哪种人吗？答案是最怕带来麻烦的人。即使领导愿意重用你，愿意提拔你，愿意把你当成自己人，如果你有很多污点，他能不能用？一定不能。因为他怕自己受影响。

很多人年轻时没有体会到清白的重要性。如果你没有污点，别人无法抓住你的把柄，那么你的上升之路至少是没有阻碍的。

| 关键人 |

你要做好一件事情，你就需要一个关键的人。这个关键人，

是行业里的高人，是你的老师。

如果你想从事医疗健康行业，就要认识一个懂医疗健康的人；你要进入娱乐行业，就要认识一个娱乐业方面的引路人；如果你想做淘宝电商，只要招聘一个有经验的员工，就可以做这个行业了。

中国是一个制造业大国，我们最不缺的就是产品，我们可以销售任何产品，从事任何行业，但是我们最缺的是人才——一个带我们进入行业、连接行业渠道的关键人才。

自媒体最大的好处，就是能够把不同的人连接在一起。这种连接产生很多可能性。你连接很多人，从而找到对的人。找到对的人，你就找到了方法，找到了一个渠道，找到了一条脉络。这在经济学上，这叫引入外部性。就是内部看起来不可能解决的问题，引入外部性后，借用外部力量可能就解决了。所以我建议大家多认识一些高价值的人，每年结识几位优秀的、能帮你引入外部性的人。

每年我都要去拜访一些同行业及其他行业的杰出人士。观察他们的行事风格以及如何将事情做成功。这些人都是值得我们学习的。

如何找关键人呢？网络是一个很方便的渠道。你在微博上就可以跟他们发私信，带着真诚的态度去请教。你可以通过一个人的抖音、视频号、小红书等，去加他微信，给他发红包。你发一个红包，然后请教一个问题，通常都会得到回答，如果他不回答你，他也不会收你的红包。只要你的问题不是太刁钻、太过分，你肯定会得到回复。这个回复往往都是高价值的。他们在一个行业有多年的积累，能看透行业的本质，这些高价值的信息可能是圈外的人永远也想不明白的。

我开始入行的时候也是两眼一抹黑，到处找人请教，发红包，请人帮忙解决问题。那时候加过很多专业人士的微信，我的经验证明：如果你跟他们闲聊，他们不会理你；如果你跟他们请教专业问题，礼数周到，通常都会得到答复。

当你找到了很多关键的人，得到很多关键的意见，你成功的概率就会大大增加，自然就变得幸运了。

后记

　　人生是由各种概率构成的，而概率构成运气。运气比我们想象得还要不平等，但是不平等并不是坏事，不平等是一个机会，你可以发挥自己的优势，做人生赢家。

　　当我写完这本书的时候，我也在回顾我的经历。我发现，我是一个好运气的人，这种好运气，并不来自所谓的上天的眷顾，而是我喜欢复盘。在我经历每一件事情后，我主动地去学习、去成长，避免重复犯错误，这才是我看起来好运的原因。

　　我想把这个好运气同样带给你们，《财富觉醒》这本书是我几十年学习、工作、创业、读书、写作的总结，所有的经验都来自我自己的感悟，来自我自己验证过的经验。这也是我写给当年自己的一本书，如果当年的我能够读到这本小书，就可能少走很多弯路，早一点得到想要的结果。

　　我不能穿越回到过去，但是我愿意把自己的经验和认知贡献给读者朋友们,让你们少走一些弯路,成为好运的人。

我自己的微信公众号"升值计",一直有一个 slogan "关注升值计,让你的人生更容易"。我在此祝愿我的读者朋友,都能成为好运的人,拥有更多的财富,拥有更美好的人生。

参考书目

1. [印度] 阿比吉特·班纳吉 / [法] 埃斯特·迪弗洛. 贫穷的本质：我们为什么摆脱不了贫穷【M】. 景芳, 译. 北京：中信出版社, 2018.

2. [美国] 丹尼尔·卡尼曼. 思考, 快与慢【M】. 胡晓姣, 译. 北京：中信出版社, 2012.

3. [美] 彼得·考夫曼. 穷查理宝典：查理·芒格智慧箴言录【M】. 李继宏, 译. 上海：上海人民出版社, 2010.

4. [美国] 贾雷德·戴蒙德. 枪炮、病菌与钢铁：人类社会的命运【M】. 谢延光, 译. 上海：上海译文出版社, 2006.

5. [美] 罗伯特·西奥迪尼. 影响力【M】. 陈叙, 译. 北京：中国人民大学出版社, 2006.

6. [美] 安迪·格鲁夫. 只有偏执狂才能生存【M】. 安然, 译. 北京：中信出版社, 2002.

7. [美] 纳西姆·尼古拉斯·塔勒布. 黑天鹅：如何应对不可知的

未来【M】.万丹，译.北京：中信出版社，2008.

8. [美]纳西姆·尼古拉斯·塔勒布.反脆弱：从不确定性中获益【M】.雨珂，译.北京：中信出版社，2012.

9. [美]帕维尔·塔索林.野蛮力量：用冠军技术重新定义力量训练【M】.曹洁，译.北京：北京科学技术出版社，2021.

10. [日]中岛敦.山月记【M】.徐建雄，译.陕西：三秦出版社，2019.

11. [美]马尔科姆·格拉德威尔.异类：不一样的成功启示录【M】.季丽娜，译.北京：中信出版社，2009.

12. [美]蔡美儿/[美]杰德·鲁本菲尔德.向上流动：接近成功的三要素【M】.李小霞，译.北京：中信出版社，2020.

13. [美]瑞·达利欧.原则【M】.刘波，译.中信出版社，2018.

14. [美]埃里克·乔根森.纳瓦尔宝典：财富与幸福指南【M】.赵灿，译.北京：中信出版社，2022.

15. [美]理查德·塞勒/[美]卡斯·桑斯坦.助推：如何做出有关健康、财富与幸福的最佳决策【M】.刘宁，译.北京：中信出版社，2018.

16. [英]埃里克·拜因霍克.财富的起源【M】.尤娜，译.浙江：浙江人民出版社，2019.

17. [英]李德·哈特.山的那一边：被俘德国将领谈二战【M】.张和声，译.上海：上海人民出版社，2011.

18. [美]罗伯特.T.清崎.富爸爸穷爸爸【M】.萧明，译.南海出版公司，2009.

29. [日]稻盛和夫.稻盛和夫谈经营【M】.叶瑜，译.机械工业出版社，2017.

20. [美] 史蒂芬·柯维. 高效能人士的七个习惯【M】. 高新勇，译. 中国青年出版社，2011.

21. [美] 艾森·拉塞尔. 麦肯锡方法【M】. 张薇薇，译. 机械工业出版社，2010.

22. [美] 克莱顿·克里斯坦森. 创新者的窘境：领先企业如何被新兴企业颠覆？【M】. 胡建桥，译. 中信出版社，2020.

23. [美] 克莱顿·克里斯坦森. 颠覆性创新【M】. 崔传刚，译. 中信出版社，2019.

24. [美] 安德斯·艾利克森. 刻意练习：如何从新手到大师【M】. 王正林，译. 机械工业出版社，2016.

25. [加] 大卫·爱泼斯坦. 成长的边界：超专业化时代为什么通才能成功【M】. 范雪竹，译. 北京联合出版公司，2021.

26. [美] 彼得·布朗，[美] 亨利·勒迪格三世，[美] 麦克·丹尼尔. 认知天性：让学习轻而易举的心理学规律【M】. 邓峰，译. 中信出版社，2018.

27. [美国] 沃伦·巴菲特/劳伦斯·A.坎宁安. 巴菲特致股东的信：投资者和公司高管教程【M】. 杨天南，译. 机械工业出版社，2018.

28. [美] 凯利·麦格尼格尔. 自控力：斯坦福大学最受欢迎心理学课程【M】. 王岑卉，译. 印刷工业出版社，2017.

29. [日] 岸见一郎/古贺史健. 被讨厌的勇气【M】. 渠海霞，译. 机械工业出版社，2015.